MÚSICA NA EDUCAÇÃO INFANTIL

PROPOSTAS PARA A FORMAÇÃO INTEGRAL DA CRIANÇA

teca alencar de brito

música na educação infantil

propostas para a formação integral da criança

EDITORA
Peirópolis

Copyright © 2003 by Teca Alencar de Brito

Editora responsável
Renata Farhat Borges

Coordenação editorial
Noelma Brocanelli

Partituras
Viviane Fessel

Capa
Luciano Pessoa

Projeto gráfico
Walter Mazzuchelli

Editoração eletrônica
AGWM Artes Gráficas

Bonecos músicos da capa
Desenhos de Carlos Barmak e Vera Barros

Fotografia
Michele Mifano

Revisão
Mineo Takatama
Touché! Editorial

Dados Internacionais de Catalogação na Publicação (CIP)
(Câmara Brasileira do Livro, SP, Brasil)

Teca Alencar de Brito
    Música na educação infantil / Teca Alencar de Brito ;
    [fotos Michele Mifano] . – São Paulo : Peirópolis, 2003.

    Bibliografia.

    ISBN 978-85-85663-65-0

    1. Educação de crianças 2. Música – Estudo e ensino
I. Mifano, Michele. II. Título.

01–4846   CDD–780.71

Índice para catálogo sistemático:
1. Música : Educação infantil   780.71

1ª edição, 2003 – 12ª reimpressão, 2023

Editora Peirópolis

Editora Peirópolis Ltda.
Rua Girassol, 310f – Vila Madalena
05433-000 – São Paulo – SP – Brasil
tel.: (11) 3816-0699 | cel.: (11) 95681-0256
www.editorapeiropolis.com.br
vendas@editorapeiropolis.com.br

Às crianças com quem faço música,
que me renovam diariamente há 28 anos.

À esperança de música para todas as crianças.

À Elisa e ao Zé Nelson, amigos que compartilhavam
comigo esse sonho, com saudades.

Agradeço a atenção e o carinho da educadora
musical Judith Akoschky, a quem muito respeito e estimo.

Agradeço às crianças (e seus pais) – meus alunos
da Teca Oficina de Música – cujas fotos, desenhos,
registros gráficos, além da efetiva experiência
musical, tornaram vivo este livro.

Sumário

PREFÁCIO 9

INTRODUÇÃO 11

POR QUE EXISTE MÚSICA? 13
   • Sobre o som e o silêncio 17

A MÚSICA 23
   • Sobre as origens 25
   • Sobre a questão da definição 26
   • As muitas músicas da música 28
   • A música como jogo 31

CRIANÇAS, SONS E MÚSICA 33
   • Condutas da produção sonora infantil segundo François Delalande 36
   • Do impreciso ao preciso – Uma leitura da trajetória da expressão musical infantil 41
   • Conclusão 46

A MÚSICA NA EDUCAÇÃO INFANTIL 49

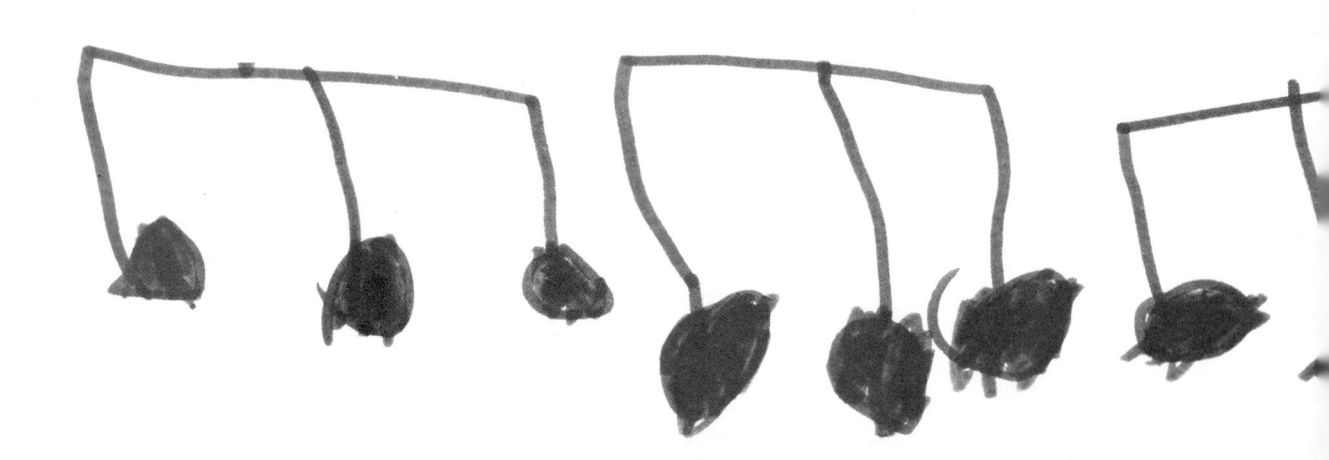

FAZENDO MÚSICA 55
- Fontes sonoras para o fazer musical 59
- Construção de instrumentos musicais e objetos sonoros 69
    - *Para construir* 76
- Trabalhando com a voz 87
- Descobrindo a voz 89
- A canção 92
- A escolha do repertório 94
- A música da cultura infantil 95
    - *Acalantos* 97
    - *Brincos e parlendas* 101
    - *Brinquedos de roda* 111
    - *Canções de nossa MPB* 127
- Inventando canções 135
- Integrando som e movimento 145
- Sugestões de atividades 146
- Jogos de improvisação 149
- Relatos de experiências 154
- Sonorização de histórias 161
- Elaborando arranjos 173
- O registro/a notação musical 177
- Escuta sonora e musical 187

OBSERVAÇÃO, REGISTRO E AVALIAÇÃO 195

PARA UMA REFLEXÃO FINAL 200

GLOSSÁRIO 202

Prefácio

Judith Akoschky

Desde finais do século XIX a educação musical recebeu o aporte de diversos autores, que desenvolveram ideias e propostas de sistematização da educação musical, dedicando especial atenção às crianças pequenas. Bons receptores das novas correntes educativas, esses autores – com enfoques e objetivos diversos – são unânimes em destacar a importância da experiência musical como passo anterior à utilização do código convencional da música, a notação tradicional.

A partir dos anos 60, outro movimento trouxe novos caminhos, mais comprometidos com os processos criativos e com a busca de uma linguagem musical contemporânea. Educadores como Paynter, na Inglaterra, Delalande, na França, M. Schafer, no Canadá, e Koellreutter, no Brasil, para citar somente alguns, tomam como ponto de partida as inovações da música do século XX: a abertura do mundo sonoro, o uso de novos instrumentos e materiais não convencionais, a ampliação de critérios com respeito a todos os componentes da obra musical. Em seus enfoques metodológicos destinados à escola, realizam propostas de criação com dinâmicas de grupo inovadoras e recorrem com frequência ao uso de grafias analógicas.

Teca Alencar de Brito inscreve sua larga experiência nessa linha e a descreve como "um trabalho pedagógico-musical que se pode realizar em contextos educativos nos quais a música é entendida como um processo contínuo de construção que envolve perceber, sentir, experimentar, imitar, criar e refletir".

A partir de sua proposta, Teca incentiva uma educação musical "para todos" e destaca a função do meio social e da educação com objetivos socializadores e didáticos como propiciadores dessa inquietação.

Para fundamentar sua proposta didática, a autora traça um itinerário que começa com a revisão de conceitos subjacentes à música e à didática. Nesse percurso, e à luz de novas concepções, são revistos temas fundamentais que repousam no interior de cada uma dessas disciplinas. Logo o livro adentra o fazer musical propriamente dito e, com o capítulo "Fazendo música", concentra-se na produção e na apreciação musical das crianças. Aqui as propostas da autora, experiente educadora musical de crianças pequenas, abordam o trabalho com os instrumentos musicais e sonoros e com a sua confecção; com a voz, no canto tanto do repertório infantil como da música popular brasileira e de outros países; com a invenção de canções; com a integração de som e movimento; com os jogos de improvisação; com a elaboração de arranjos vocais e instrumentais. O registro e a notação – geralmente analógica – e a escuta sonora e musical são itens de destaque nesse itinerário, bem como a observação, o registro e a avaliação da tarefa didática. A bibliografia que acompanha cada capítulo é um convite ao aprofundamento dos temas abordados, e a reflexão final com a qual Teca encerra seu livro promove uma comparação entre "conteúdos, metodologias e estratégias que revelam, de um lado, posturas pedagógicas próprias de uma concepção tradicionalista do ensino de música na educação infantil e, de outro, posturas consideradas adequadas a uma concepção que entende a música como linguagem e como área de conhecimento a ser construída pelas crianças".

Esta obra, compêndio de uma rica trajetória, constitui para os educadores em geral e para os educadores musicais em particular um valioso aporte de ideias e possibilidades para o desenvolvimento da música na educação infantil.

Judith Akoschky é autora do *Diseño Curricular de Música para la Educación Inicial de la Secretaría de Educación*, Buenos Aires. Coautora do método *Iniciación a la Flauta Dulce*, autora do livro *Cotidiáfonos* (Ricordi), da série discográfica *Ruidos y Ruiditos*, e de *Cuadros Sonoros*. Articulista nos livros *Artes y Escuela* e *Recorridos Didácticos en la Educación Inicial* (Paidós). É membro do conselho assessor da *revista Eufonía*, Graó, Barcelona.

Introdução

Teca Alencar de Brito

Este livro tem a intenção de aproximar educadores, música e crianças, compartilhando experiências e informações, estimulando a reflexão e o questionamento, apontando caminhos e possibilidades para o desenvolvimento de um trabalho com música, sem a pretensão – explícita ou implícita – de determinar cursos ou delimitar territórios.

Acima de tudo, considera-se que o percurso que cada educador ou educadora deve percorrer, junto com as crianças, tem de ser único, significativo, verdadeiro e possível.

Pensando em contribuir para o trabalho que realizam os professores especialistas na etapa da educação infantil, o livro foi preparado para atender também aos educadores e educadoras que, sem terem tido a oportunidade de estudar música, estão cientes de sua importância e necessidade no contexto educativo das creches e pré-escolas.

Obviamente, o livro não tem a intenção de substituir a formação na área musical, que cada profissional deve buscar, mas sim a de complementar essa formação e, especialmente, sugerir a revisão e a recontextualização de alguns conceitos e modelos estabelecidos e consolidados que merecem ser repensados à luz de novos paradigmas educacionais e musicais.

A você, que está se dispondo a "sonorizar o livro" junto com as crianças, eu gostaria de propor, antes de tudo, que refletisse sobre algumas questões:

- O que é música?
- Decerto você considera importante a presença da música na educação infantil. Por quê?
- Como vem se realizando o trabalho nessa área?

Costumo questionar os pontos acima em cursos, oficinas, assessorias ou palestras, e as respostas, argumentações, enfim, o debate que geralmente emerge permite refletir sobre as concepções vigentes nas creches e pré-escolas e, especialmente, avaliar e redimensionar as possibilidades de realização do trabalho com a música. Tais diálogos e debates têm, então, grande importância, pois, se apontam problemas, limitações, dificuldades, indicam também acertos, transformações, descobertas...

As três questões apresentadas também sintetizam, a um só tempo, o conteúdo e o objetivo deste trabalho: falar sobre música, sobre sua presença na vida das crianças e na educação infantil, apontando para sua indispensável contribuição à formação de seres humanos sensíveis, criativos e reflexivos.

Por que existe música?

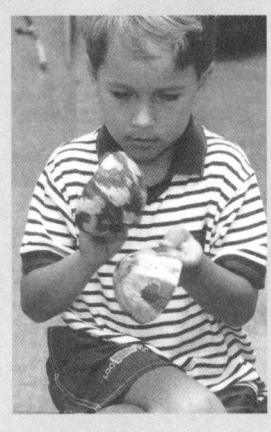

"Eu queria mesmo saber é por que existe música!", disse Luís Fernando, de quatro anos, interrompendo uma de nossas atividades durante a aula.

"É... essa é uma boa pergunta!", respondi. "Quem saberia responder?"

"Pra deixar a gente animada", disse Mariana, da mesma idade, após uma reflexão muito rápida.

"Pra animar a gente, é?", perguntei.

"Posso falar uma coisa?", interveio Ian. "Não é só pra deixar a gente animado, não, porque tem músicas que a minha mãe canta pra mim e pro meu irmão na hora de dormir, e a gente dorme. Tem música que é pra fazer a gente ficar calmo, com sono."

"É verdade; o Ian disse uma coisa muito certa. E vocês sabem como se chamam as músicas que fazem a gente dormir?"

Silêncio.

"São as canções de ninar, ou acalantos. Mas... a Mariana disse que a música anima, e o Ian disse que a música também pode dar sono. O que mais a gente sente ouvindo música? Que tipos de música existem?"

"Música de casamento... música de festa de aniversário... de filme... de *videogame*... de soldados... de dançar... de medo...", foram, aos poucos, arriscando.

Continuamos nossa discussão fazendo um levantamento dos muitos tipos de música que o grupo foi lembrando.

De repente, Mariana lançou nova questão:

"Mas eu queria mesmo é saber por que existe som!"

"O que também é muito importante, porque a música, para existir, depende do som", coloquei.

"E do silêncio!", lembrou, muito bem, Alex.

"Eu sei por que existe som", disse Luís Fernando. "Porque existe vibração!"

"Muito bem, Nando, é isso mesmo! Mas o que é vibração?", perguntei.

E assim prosseguiu esse importante diálogo, que indica a necessidade que tinham essas crianças de refletir sobre sua experiência musical e que denota também a riqueza que se instala em ambientes onde há estímulo à reflexão, ao questionamento, ao diálogo.

"Fazendo música", essas crianças também pensavam sobre música: partindo de sua própria experiência, com as vivências e os conhecimentos já conquistados, contextualizavam o fazer numa dimensão mais ampla e rica, refletindo, desde então, sobre a importância e o papel que a música tem no conjunto de valores constituintes da cultura humana.

Compartilho com vocês essa cena – que é parte do meu cotidiano com as crianças – porque o diálogo tocou em um ponto que considero fundamental e essencial à proposta deste trabalho, qual seja refletir sobre a presença e o porquê do som, do silêncio e da música na vida de cada um e, especialmente, na educação infantil, acenando para a realização de um trabalho significativo.

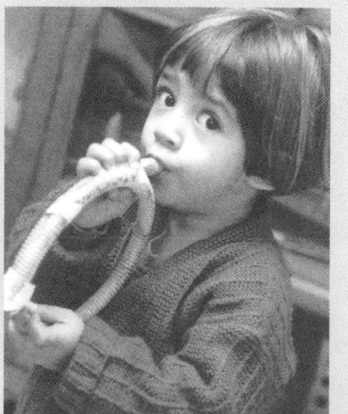

Sobre o som e o silêncio

> *"No princípio, podemos supor, era o silêncio. Havia silêncio porque não havia movimento e, portanto, nenhuma vibração podia agitar o ar – um fenômeno de fundamental importância na produção do som. A criação do mundo, seja qual for a forma como ocorreu, deve ter sido acompanhada de movimento e, portanto, de som."*
>
> *(O. Karóly, 1990, p. 5)*

Perceber gestos e movimentos sob a forma de vibrações sonoras é parte de nossa integração com o mundo em que vivemos: ouvimos o barulho do mar, o vento soprando, as folhas balançando no coqueiro... ouvimos o bater de martelos, o ruído de máquinas, o motor de carros ou motos... o canto dos pássaros, o miado dos gatos, o toque do telefone ou o despertador... Ouvimos vozes e falas, poesia e música...

SOM é tudo o que soa! Tudo o que o ouvido percebe sob a forma de movimentos vibratórios. Os sons que nos cercam são expressões da vida, da energia, do universo em movimento e indicam situações, ambientes, paisagens sonoras:[1] a natureza, os animais, os seres humanos e suas máquinas traduzem, também sonoramente, sua presença, seu "ser e estar", integrado ao todo orgânico e vivo deste planeta.

E o silêncio? Entendemos por silêncio a ausência de som, mas, na verdade, a ele correspondem os sons que já não podemos ouvir, ou seja, as vibrações que o nosso ouvido não percebe como uma onda, seja porque têm um movimento muito lento, seja porque são muito rápidas. Tudo vibra, em permanente movimento, mas nem toda vibração transforma-se em som para os nossos ouvidos! Com relação a esse aspecto, é importante lembrar que também a nossa escuta guia-se por limites impostos pela cultura, ou seja, o território do ouvir tem relação direta com os sons de nosso entorno, sejam eles musicais ou não. Isso explica, por exemplo, a nossa dificuldade de perceber e reproduzir os microtons presentes na música indiana. Os monges tibetanos, por sua vez, cantam sons

---

1. A expressão "paisagem sonora" foi criada pelo compositor e educador canadense Murray Schafer para referir-se a todos os sons, de qualquer procedência, que fazem parte do ambiente sonoro de determinado lugar.

extremamente graves que eles acreditam que promovem a sintonia com o som cósmico, ainda mais grave, que eles afirmam escutar.

Som e silêncio são partes de uma única coisa, e, nesse sentido, podemos dizer que são opostos complementares, conforme nos propõe Hans-Joachim Koellreutter: "O silêncio deve ser percebido como outro aspecto de um mesmo fenômeno, e não apenas como ausência de som".

Muitos dos mitos presentes nas culturas humanas atribuem ao som o poder da criação do universo. A busca do silêncio também nos remete, simbolicamente, ao início, à essência da criação, ao sopro da vida e, ao mesmo tempo, ao final, ou à morte.

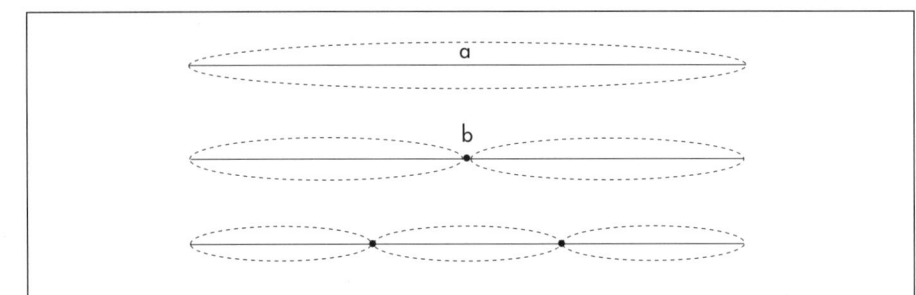

MOVIMENTOS VIBRATÓRIOS
O gesto que produz movimento agita o ar e gera vibração.
Vibrar é tremular, trepidar. E, quando a vibração atinge determinada velocidade (o número de vibrações por segundo), transforma-se em onda, que nosso ouvido capta, que o cérebro interpreta e lhe confere sentido.

O som tem qualidades (ou parâmetros)[2]

ALTURA – Um som pode ser grave ou agudo, dependendo da frequência de suas vibrações por segundo. Quanto menor for o número de vibrações, ou seja, quanto menor a frequência da onda sonora, mais grave será o som, e vice-versa. O pio de um pássaro é agudo, o som de um trovão é grave. Um violino produz sons agudos, ao passo que um contrabaixo produz sons graves.

DURAÇÃO – Um som pode ser medido pelo tempo de sua ressonância e classificado como curto ou longo. Exemplos: a madeira produz sons curtos, ao passo que metais produzem sons que vibram durante um lapso maior.

---

2. Conjunto de características do som, ou de agrupamentos de sons, física e objetivamente definíveis (H.-J. Koellreutter, 1990).

INTENSIDADE – Um som pode ser medido pela amplitude de sua onda e classificado como forte ou fraco. Alguns materiais produzem, naturalmente, sons fracos; outros, sons mais fortes. Mas a intensidade de um som pode, quase sempre, variar de acordo com o grau de força do ataque. Exemplo: experimente tocar, num mesmo tambor, sons com diferentes intensidades, dos mais fracos aos mais fortes.

TIMBRE – É a característica que diferencia, ou "personaliza", cada som. Também costumamos dizer que o timbre é a "cor" do som; depende dos materiais e do modo de produção do som. Exemplos: o piano tem seu próprio timbre, diferente do timbre do violão; a flauta tem um timbre próprio, assim como a voz de cada um de nós.

DENSIDADE – É um parâmetro que se refere a um grupo de sons, caracterizando-se pelo menor ou maior agrupamento de sons num lapso, ou seja, pela rarefação ou adensamento.

O sentido da audição foi, desde o princípio, responsável por significativa leitura das coisas deste mundo, já que *sons* e *silêncios* são portadores de informações e significados. Os sons da natureza (vento, trovões, tempestades...), os cantos e urros dos animais ou os sons produzidos pelas pessoas (com a voz, com o corpo ou com os materiais disponíveis) traduzem informações objetivas (a aproximação de uma fera, uma tempestade ou um carro que passa...), provocando, também, sensações, emoções e reações subjetivas. O universo vibra em diferentes frequências, amplitudes, durações, timbres e densidades, que o ser humano percebe e identifica, conferindo-lhes sentidos e significados.

Perceber, produzir e relacionar-se com e por meio de sons faz parte da história de vida de todos nós: ouvimos o toque da campainha e corremos a abrir a porta, obedecemos ao apito do guarda, enfim, reconhecemos inúmeras informações sonoras que, vale lembrar, mudam com o tempo e de uma cultura para outra. Basta pensar na diferença existente entre o ambiente sonoro de um grande centro urbano e o de uma aldeia de pescadores, ou, ainda, na paisagem sonora dos nossos antepassados distantes. Como será que eles reagiam à escuta de sons cuja causa desconheciam, como um trovão, por exemplo?

A percepção, a discriminação e a interpretação de eventos sonoros, geradores de interações com o entorno, têm grande importância no que diz respeito à formação e permanente transformação da consciência de espaço e tempo, um dos aspectos prioritários da consciência humana.

Outro ponto a ressaltar é o que diz respeito à imensa variedade de sons a que estamos expostos nos grandes centros urbanos, que exige a conscientização acerca da importância da ecologia acústica, equilibrando, protegendo e evitando que a exposição excessiva a sons de toda espécie comprometa a nossa qualidade de vida.

> *"Somente através da audição seremos capazes de solucionar o problema da poluição sonora. Clariaudiência nas escolas para eliminar a audiometria nas fábricas. Limpeza de ouvidos em vez de entorpecimento de ouvidos. Basicamente, podemos ser capazes de projetar a paisagem sonora para melhorá-la esteticamente – o que deve interessar a todos os professores contemporâneos."*
>
> *(M. Schafer, 1991, p. 13)*

R. Murray Schafer (1933-), compositor e educador canadense, autor das palavras acima, desenvolveu um projeto de pesquisa em Vancouver, no Canadá, que estudou, de forma multidisciplinar, as características do som ambiental e as modificações que ele sofreu ao longo do tempo, além do significado e do simbolismo desses sons para as comunidades afetadas por eles.

> *"Sua proposta visava a elaborar um projeto acústico mundial, que, através da conscientização a respeito dos sons existentes, pudesse prever o tipo de sonorização desejada para determinado ambiente. O mundo, portanto, seria tratado como uma vasta composição macrocósmica, composta pelos 'músicos', definidos pelo autor como 'qualquer um ou qualquer coisa que soe'. Nesse projeto seriam discutidas pelas comunidades questões como: 'Quais os sons que queremos eliminar, conservar ou produzir?'"*
>
> *(M. T. Fonterrada, in M. Schafer, 1991, p. 10)*

CURIOSIDADE "SILENCIOSA"

O compositor norte-americano John Cage (1912-1992) realizou uma experiência muito interessante: ele queria vivenciar a sensação de plenitude silenciosa e, em busca do "silêncio total", entrou numa câmara anecoica, ou seja, uma cabine totalmente à prova de sons. Após alguns segundos, Cage concluiu que o silêncio absoluto não existe, pois mesmo no interior da câmara anecóica ele ouvia dois sons: um agudo, produzido por seu sistema nervoso, e outro grave, gerado pela circulação do sangue nas veias.

PROPOSTAS E ATIVIDADES

- Tente fazer o seguinte: mantenha-se de olhos fechados por alguns minutos e "abra bem os ouvidos". Tente prestar atenção a tudo o que ouve. Depois, de olhos abertos, experimente relacionar os sons que você escutou.

- Outro exercício interessante consiste em tentar lembrar-se de sons ouvidos na infância que já não fazem parte da sua paisagem sonora atual, seja porque você se mudou e seu ambiente sonoro é outro, seja porque os tempos mudaram e alguns sons já não se ouvem mais, ou com tanta frequência!

- Experimente adaptar exercícios desse tipo para as crianças (maiores de quatro anos). Convide-as para fecharem os olhos e "abrirem o orelhão", ou seja, para concentrarem-se na escuta. É importante começar com períodos breves, pois fica difícil, para elas, manter-se em silêncio e de olhos fechados por muito tempo. Depois, converse com as crianças sobre o que elas escutaram, chamando a atenção para aspectos como: os tipos de sons mais ouvidos (naturais – cantos de pássaros, latidos de cães, vozes de pessoas, o vento, a chuva etc. – ou produzidos pela cultura – sons de máquinas, instrumentos musicais, objetos diversos), o som mais interessante ou desinteressante, um som muito forte, muito fraco etc.

- O diálogo com as crianças estimula a atenção e a concentração para escutar, transformando a consciência com relação ao entorno e às diferentes sensações que os sons provocam e formando, também, uma atitude responsável para buscar uma convivência equilibrada com a paisagem sonora circundante.

- Vocês podem escutar e relacionar os sons que fazem parte do cotidiano da escola (nos diferentes ambientes: pátio, cozinha, sala de aula, berçário...) e das redondezas. As crianças podem fazer "expedições" para escutar e desenhar "mapas" registrando suas observações sonoras, o que, sem dúvida, estimulará a audição e, especialmente, reforçará o vínculo com o espaço em que elas vivem e convivem. Esse trabalho poderá ser enriquecido se houver a possibilidade de gravar os sons coletados.

- Estimular a lembrança dos sons ouvidos também é muito importante. Conversando com as crianças sobre as férias, viagens, passeios de fim de semana etc., situações em que elas vivem novas conquistas e experiências, podemos (e devemos) incluir a questão da escuta da paisagem sonora. Na sequência, é interessante tentar reproduzir alguns sons ouvidos e citados pelas crianças (da natureza, de máquinas, objetos, instrumentos...), pesquisando possibilidades com a voz, com o corpo, com objetos, brinquedos sonoros, instrumentos musicais etc.

"Quero saber o que vocês escutaram, e não só o que vocês viram!", costumo dizer às crianças.

Para pesquisar[3]

CASH, T. *Som*. Trad. André Guilherme Polito. São Paulo: Melhoramentos, 1991 (Ciência Divertida).

GIBSON, G. *Brincando com sons*. Trad. Helena Gomes Klimes. São Paulo: Callis, 1996 (Experiências).

KANER, E. *Ciência com sons*. Trad. Alexandre Ramires. Lisboa: Gradiva, 1993.

KARÓLY, O. *Introdução à música*. São Paulo: Martins Fontes, 1990.

KOELLREUTTER, H.-J. *Terminologia de uma nova estética da música*. Porto Alegre: Movimento, 1990.

MONTANARI, V.; CUNHA, P. *Nas ondas do som*. São Paulo: Moderna, 1996 (Desafios).

SCHAFER, M. *O ouvido pensante*. Trad. Marisa Trench de O. Fonterrada, Magda R. Gomes da Silva, Maria Lucia Pascoal. São Paulo: Editora Unesp, 1991.

---

[3]. A bibliografia apresentada no final de cada parte integra os livros consultados àqueles que se apresentam como sugestões para a pesquisa do educador ou educadora.

A música

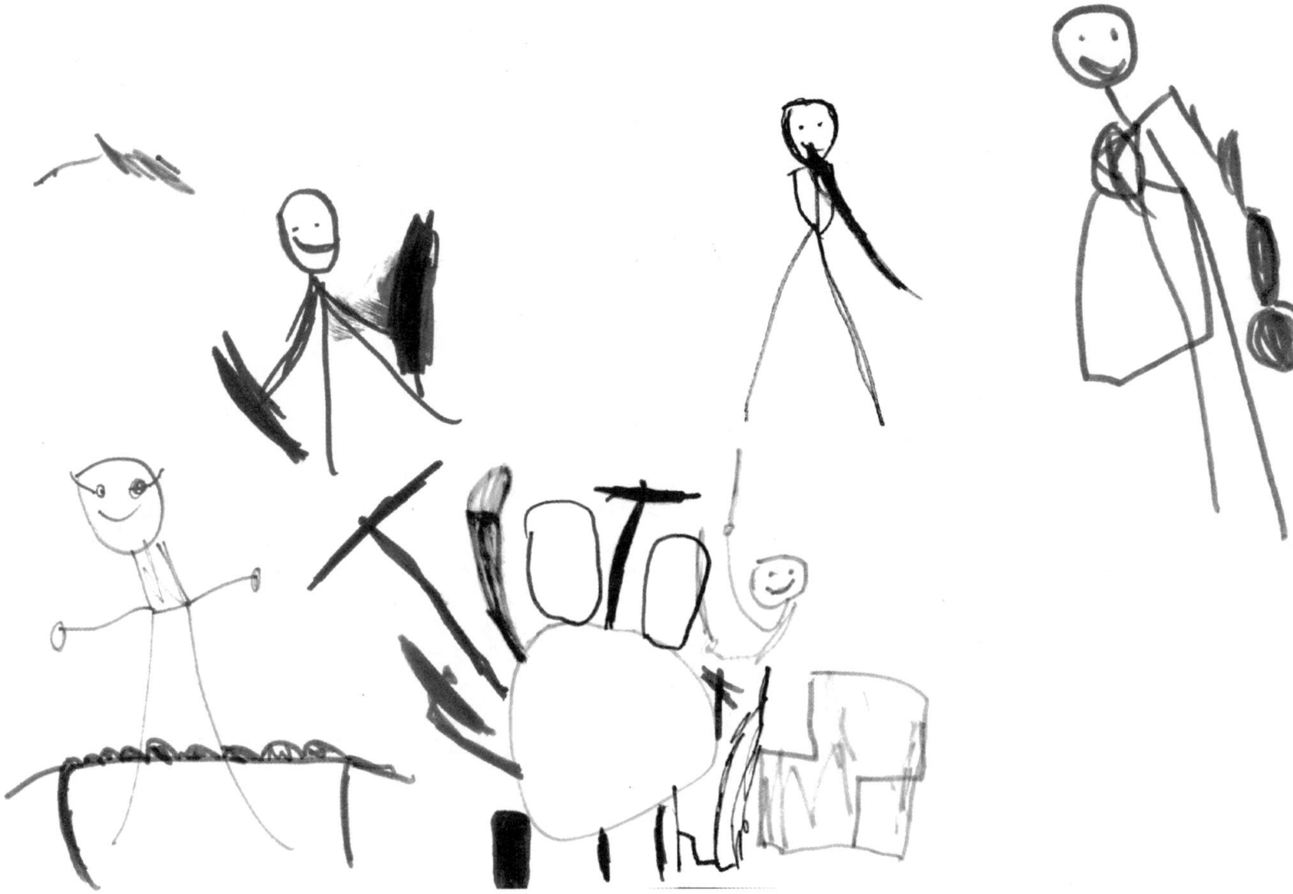

Sobre as origens

As épocas remotas que demarcam a presença do que viria a ser música apontam para uma consciência mágica, mítica, responsável pela transformação de sons em música e seres humanos em seres musicais, produtores de significados sonoros. Os tantos mitos e lendas relacionando vida, mundo, sons e silêncios, conferindo poder e magia aos sons e, consequentemente, aos instrumentos musicais, expressam essa condição.

Existem muitas teorias sobre a origem e a presença da música na cultura humana. A linguagem musical tem sido interpretada, entendida e definida de várias maneiras, em cada época e cultura, em sintonia com o modo de pensar, com os valores e as concepções estéticas vigentes.

O emprego de diferentes tipos de sons na música é uma questão vinculada à época e à cultura. O ruído, por exemplo, considerado durante muito tempo como não-som, ou som não musical, presente apenas nas produções musicais alheias ao modelo musical ocidental, foi incorporado e valorizado como elemento de valor estético na música ocidental do século XX. Se o parâmetro *altura*, com a ordenação de *tons* (sons com afinação determinada), predominou na música ocidental desde a Idade Média até o final do século XIX, o *timbre* tornou-se o parâmetro por excelência no século XX, pela ampliação das fontes sonoras que foram incorporadas ao fazer musical.

Sobre a questão da definição

As definições de música expressam diferentes concepções. Ainda hoje, consultando o *Novo dicionário Aurélio da língua portuguesa*, encontramos no verbete "música" a seguinte definição: "Arte e ciência de combinar os sons de modo agradável ao ouvido"; e também: "Qualquer conjunto de sons" (seguido por parênteses onde se lê: "deprec.: musiqueta"). O verbete funda-se numa abordagem subjetiva, que confere valor àquilo que agrada ao ouvido. Quando define música como "qualquer conjunto de sons", isento de seu resultado estético, aponta o caráter depreciativo da definição.

No livro *Evolução da teoria musical*, de Elce Pannain, publicado em 1975, a música é definida como "arte de combinar sons e formar com eles melodia e harmonia". Essa definição também é inadequada, já que nem toda música é constituída por melodia e harmonia.

"A música é uma linguagem, posto que é um sistema de signos", afirma Hans-Joachim Koellreutter. Música é linguagem que organiza, intencionalmente, os signos sonoros e o silêncio, no *continuum* espaço-tempo. Para Koellreutter, na música se faz presente um jogo dinâmico de relações que simbolizam, em microestruturas sonoras, a macroestrutura do universo. Ele considera que a linguagem musical pode ser um meio de ampliação da percepção e da consciência, porque permite vivenciar e conscientizar fenômenos e conceitos diversos.

Falar sobre os parâmetros do som não é, obviamente, falar sobre música! As características dos sons não são, ainda, a própria música. Mas a passagem do sonoro ao musical se dá pelo relacionamento entre sons (e seus parâmetros) e silêncios.

Música não *é* melodia, ritmo ou harmonia, ainda que esses elementos estejam muito presentes na produção musical com a qual nos relacionamos cotidianamente. Música é *também* melodia, ritmo, harmonia, dentre outras possibilidades de organização do material sonoro. O que importa, efetivamente, é estarmos sempre próximos da ideia essencial à linguagem musical: a criação de formas sonoras com base em som e silêncio. Como? De muitas maneiras.

As profundas transformações econômicas, sociais, políticas e ideológicas que ocorreram no século XIX, responsáveis pelo desenvolvimento industrial e tecnológico, provocaram grandes mudanças na cultura ocidental, envolvendo, obviamente, a música.

> *"Uma enorme reviravolta dos princípios estéticos e uma nova atitude face ao som começam a se delinear, ainda nas primeiras décadas do século XX, provocando uma significativa mudança na história da percepção auditiva do homem ocidental. Aqueles sons que, outrora, configuravam-se enquanto 'pano de fundo' – os ruídos ambientais – tornam-se, agora, musicais."*
>
> *(F. C. S. Carneiro, 2002, p. 53)*

"Música é sons [*sic*], sons à nossa volta, quer estejamos dentro ou fora de salas de concerto", respondeu John Cage a Murray Schafer, quando questionado a esse respeito.[4] Para Cage, a escuta torna música aquilo que, por princípio, não é música. Em sua concepção, a construção musical se dá no nível interno, pela ação de uma escuta intencional, transformadora, geradora de sentidos e significados; o ouvinte é ouvinte-compositor, e as relações entre os sinais sonoros, sejam as buzinas e motores dos carros ou uma sinfonia de Beethoven, tornam-se música pela interação estabelecida entre os mundos subjetivo e objetivo: dentro e fora / silêncio interno e sons do externo / sons do interno e silêncio externo.

Cage considera que

> *"a música não é só uma técnica de compor sons (e silêncios), mas um meio de refletir e de abrir a cabeça do ouvinte para o mundo. [...] Com sua recusa a qualquer predeterminação em música, propõe o imprevisível como lema, um exercício de liberdade que ele gostaria de ver estendido à própria vida, pois 'tudo o que fazemos' (todos os sons, ruídos e não-sons incluídos) 'é música'."*
>
> *(A. de Campos, in J. Cage, 1985 – prefácio, p. 5)*

---

4. SCHAFER, M. *O ouvido pensante*. São Paulo: Editora Unesp, 1991, p. 120.

As muitas músicas da música

As muitas músicas da música – o samba ou o maracatu brasileiros, o blues e o jazz norte-americanos, a valsa, o rap, a sinfonia clássica europeia, o canto gregoriano medieval, o canto dos monges budistas, a música concreta, a música aleatória, a música da cultura infantil, entre muitas outras possibilidades – são expressões sonoras que refletem a consciência, o modo de perceber, pensar e sentir de indivíduos, comunidades, culturas, regiões, em seu processo sócio-histórico. Por isso, tão importante quanto conhecer e preservar nossas tradições musicais é conhecer a produção musical de outros povos e culturas e, de igual modo, explorar, criar e ampliar os caminhos e os recursos para o fazer musical. Como uma das formas de representação simbólica do mundo, a música, em sua diversidade e riqueza, permite-nos conhecer melhor a nós mesmos e ao outro – próximo ou distante.

Existe um grande número de modos, escalas, sistemas de afinação, estruturas rítmicas, sistemas de composição, sem falar das fontes sonoras e instrumentos musicais utilizados em cada tempo e lugar. A ênfase na utilização dos materiais sonoros também é um dos critérios que distinguem os diferentes períodos da história da música ocidental: a música majoritariamente vocal da Idade Média tornou-se predominantemente instrumental a partir do século XVIII. O século XX marcou o início de uma etapa que opera com todo e qualquer tipo de sons, até mesmo ruídos.

Dessa maneira, a música de nosso tempo integra todos os tipos de sons:

TOM – Um som com altura determinada, ou seja, com uma afinação precisa. Exemplo: o som de uma nota musical (dó, ré, mi, fá, sol, lá, si).

RUÍDO – Som sem altura definida, resultante de vibrações irregulares. Exemplo: sons produzidos por máquinas, motores, batidas ou ranger de portas, do meio ambiente, mas também o som produzido por instrumentos como clavas, reco-recos, castanholas etc.

MESCLA – Um som que contém ao mesmo tempo elementos sonoros com altura determinada e frações de ruidosidade; um tom sujo. Exemplo: uma nota produzida por um metalofone tocado com baqueta de madeira, o som de um prato, um som produzido na flauta, acompanhado por ruídos vocais etc.

Não podemos deixar de lembrar a influência das transformações tecnológicas, que ampliaram os meios para o fazer musical pela introdução de instrumentos eletrônicos, sintetizadores, computadores etc. A música concreta e a música eletrônica, desenvolvidas na primeira metade do século XX, provocaram mudanças que continuam ocorrendo até os dias atuais em todos os gêneros e estilos musicais.

Na música, a *altura* é o parâmetro relacionado à criação de linhas melódicas, melodias e harmonias. A *duração* conecta-se com a organização do ritmo; a *intensidade* encontra correspondente musical na expressão dinâmica e também no ritmo; e o *timbre* personaliza, dá cor, caráter.

Uma melodia que ouvimos no rádio e que horas depois insiste em continuar soando em nossos ouvidos resulta de uma organização precisa das *alturas* e *durações*: as notas musicais (sons que têm uma afinação exata) integradas a *durações* também definidas (que geram ritmos medidos com base num pulso regular) criam uma estrutura sonora que o ouvido humano percebe, reconhece, reproduz e pode anotar, o que possibilita sua reprodução posterior. Mas terá sido sempre assim que se processaram a criação e a realização musical? E hoje, ainda é assim?

Na música de alguns povos e culturas não ocidentais, ou muito antigos, o conceito de melodia com começo, meio e fim determinados inexiste, e as linhas melódicas têm movimentos sonoros que dão margem a improvisações e mudanças. Por outro lado, na música de algumas correntes de composição ocidentais do século XX, as melodias e temas deram lugar a composições centradas na utilização do material sonoro propriamente dito, ou seja, sons graves ou agudos, curtos ou longos, fracos ou fortes sugerem campos sonoros imprecisos, sem uma ordem estrita. A regularidade do compasso, dos ritmos métricos deu lugar a tempos livres, vivenciais, sem a "marcação do relógio": o estriado (pulsado, métrico) deu lugar ao liso (não métrico), conforme propôs o compositor francês Pierre Boulez (1925-) (P. Boulez, 1972, p. 88).

Poderíamos levantar outras questões: o surgimento e a transformação dos sistemas de notação, a criação dos instrumentos musicais e sua utilização, o trabalho com a intensidade, com o timbre etc. Todas elas chamam a atenção para o caráter relativo e dinâmico que é próprio das produções musicais.

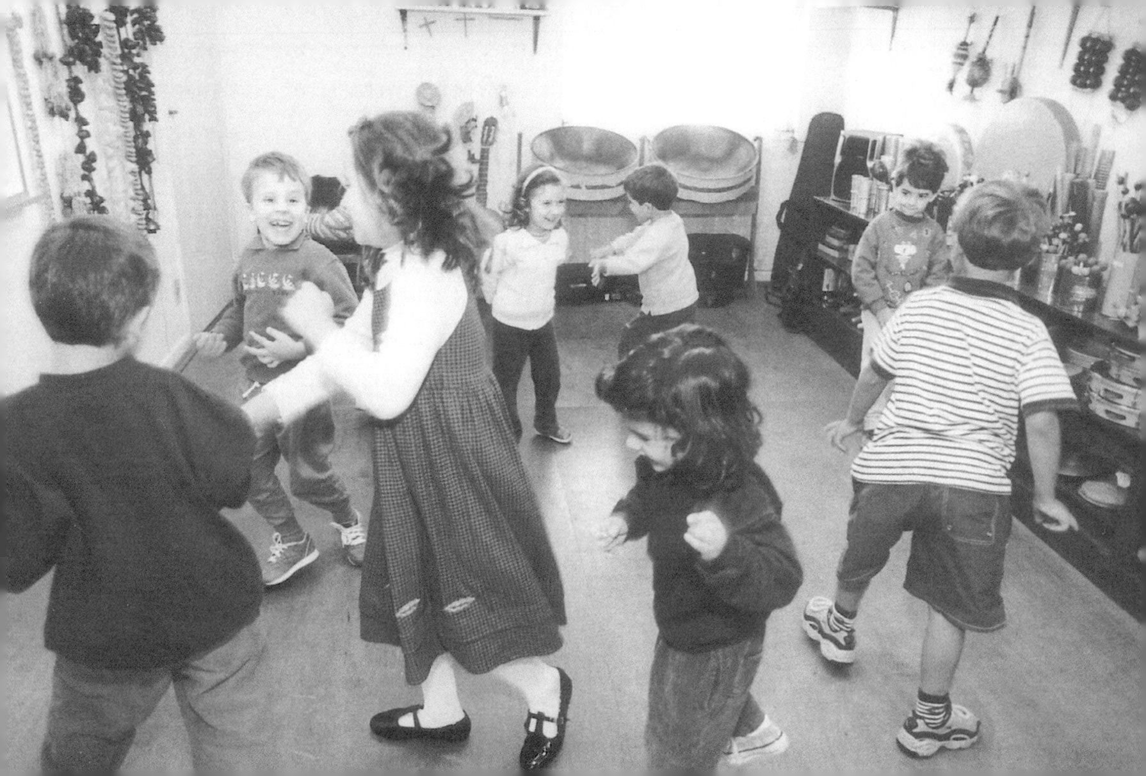

A música como jogo

Partindo de uma análise que considera que, em sua essência, a música é jogo, o compositor, pesquisador e educador francês François Delalande relacionou as formas de atividade lúdica infantil propostas por Jean Piaget a três dimensões presentes na música:

- *jogo sensório-motor* – vinculado à exploração do som e do gesto;
- *jogo simbólico* – vinculado ao valor expressivo e à significação mesma do discurso musical;
- *jogo com regras* – vinculado à organização e à estruturação da linguagem musical.

Delalande relaciona os três tipos de jogos à evolução das culturas musicais, agrupando as correntes por sua função lúdica em lugar de fazê-lo por sua cronologia. Ele defende que os diferentes modos de jogo convivem no interior de uma mesma obra musical e que um deles predomina sobre os outros. Na cadência de um concerto, por exemplo, o solista mostra seu virtuosismo mediante o jogo sensório-motor, enquanto trechos musicais líricos constituem expressões simbólicas. E toda a parte que diz respeito à estruturação da composição pode ser relacionada ao jogo com regras.

É difícil encontrar alguém que não se relacione com a música de um modo ou de outro: escutando, cantando, dançando, tocando um instrumento, em diferentes momentos e por diversas razões. Ouvimos música no supermercado ou sentados na cadeira do dentista! Surpreendemo-nos cantando aquela canção que parece ter "cola" e que não sai da nossa cabeça e não resistimos a, pelo menos, mexer os pés, reagindo a um ritmo envolvente. E quantos de nós já não inventaram canções, seja durante a infância, seja para ninar nossos filhos?

Temos um repertório musical especial, que reúne músicas significativas que dizem respeito à nossa história de vida: as músicas da infância, as que nos lembram alguém, as que cantávamos na escola, as que nos remetem a fatos alegres ou tristes, as que ouvimos no rádio, em concertos, shows etc.

REFLITA

- Como é a sua relação com a música? Você gosta de cantar, e de dançar? Toca algum instrumento? Já cantou em algum coral?

- Que tipos de música você gosta de ouvir? Quais são seus gêneros musicais preferidos? Existem gêneros musicais que você não aprecia? Você costuma ir a concertos, shows, recitais?

- Você se recorda da presença da música em sua infância? Lembra-se das canções de ninar que ouvia ou das cantigas que cantava? Brincava de roda? Realizava jogos rítmicos, brinquedos de mão? Você tinha aulas de música na escola? Como eram suas aulas? Você tem formação musical especializada?

- Experimente anotar (e, se possível, gravar) as lembranças musicais de sua infância: jogos, cantigas e brinquedos musicais que fizeram parte da sua história de vida. Peça ajuda a seus pais, avós, irmãos, amigos...

Para pesquisar

BENETT, R. *Elementos básicos da música*. Rio de Janeiro: Jorge Zahar, 1990.

BOULEZ, P. *A música hoje*. Trad. Reginaldo de Carvalho e Mary Amazonas L. de Barros. São Paulo: Perspectiva, 1972.

CAGE, J. *De segunda a um ano*. Trad. Rogério Duprat. São Paulo: Hucitec, 1985.

COPLAND, A. *Como ouvir e entender música*. Trad. Luiz Paulo Horta. Rio de Janeiro: Artenova, 1974.

DELALANDE, F. *La musique est un jeu d'enfant*. Paris: Buchet/Chastel, 1984.

GRIMSHAW, C. *Música: Conexões*. Trad. Miriam Gabbal. São Paulo: Callis, 1998.

KENNEDY, M. *Dicionário Oxford de música*. Lisboa: Publicações Dom Quixote, 1994.

KOELLREUTTER, H.-J. *Terminologia de uma nova estética da música*. Porto Alegre: Movimento, 1987.

MORAES, J. J. DE. *O que é música*. São Paulo: Brasiliense, 1983.

PAZ, J. C. *Introdução à música de nosso tempo*. Trad. Diva R. T. Piza. São Paulo: Duas Cidades, 1976.

SANTOS, F. C. *Por uma escuta nômade: A música dos sons da rua*. São Paulo: Educ, 2002.

SCHAEFFER, P. *Traité des objets musicaux – Essai interdisciplines*. Paris: Éditions du Seuil, 1966.

SCHAFER, R. M. *O ouvido pensante*. Trad. Marisa T. O. Fonterrada, Magda R. Gomes da Silva, Maria Lucia Pascoal. São Paulo: Unesp, 1991.

WAUGH, A. *Música clássica – Uma nova forma de ouvir*. Trad. João Quina. Lisboa: Edições Temas da Actualidade, 1995.

WISNIK, J. M. *O som e o sentido – Uma outra história das músicas*. São Paulo: Companhia das Letras, 1989.

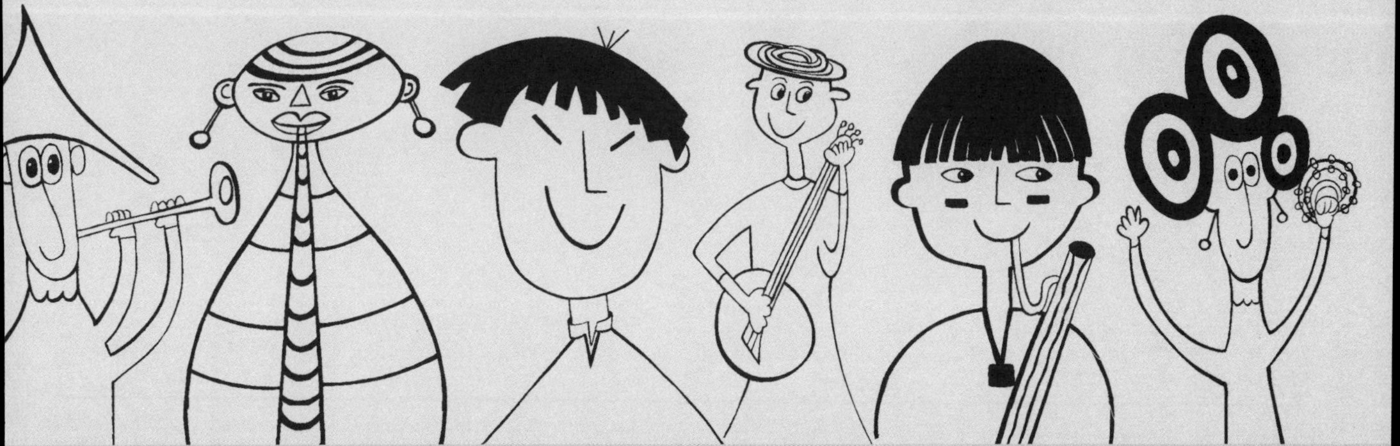

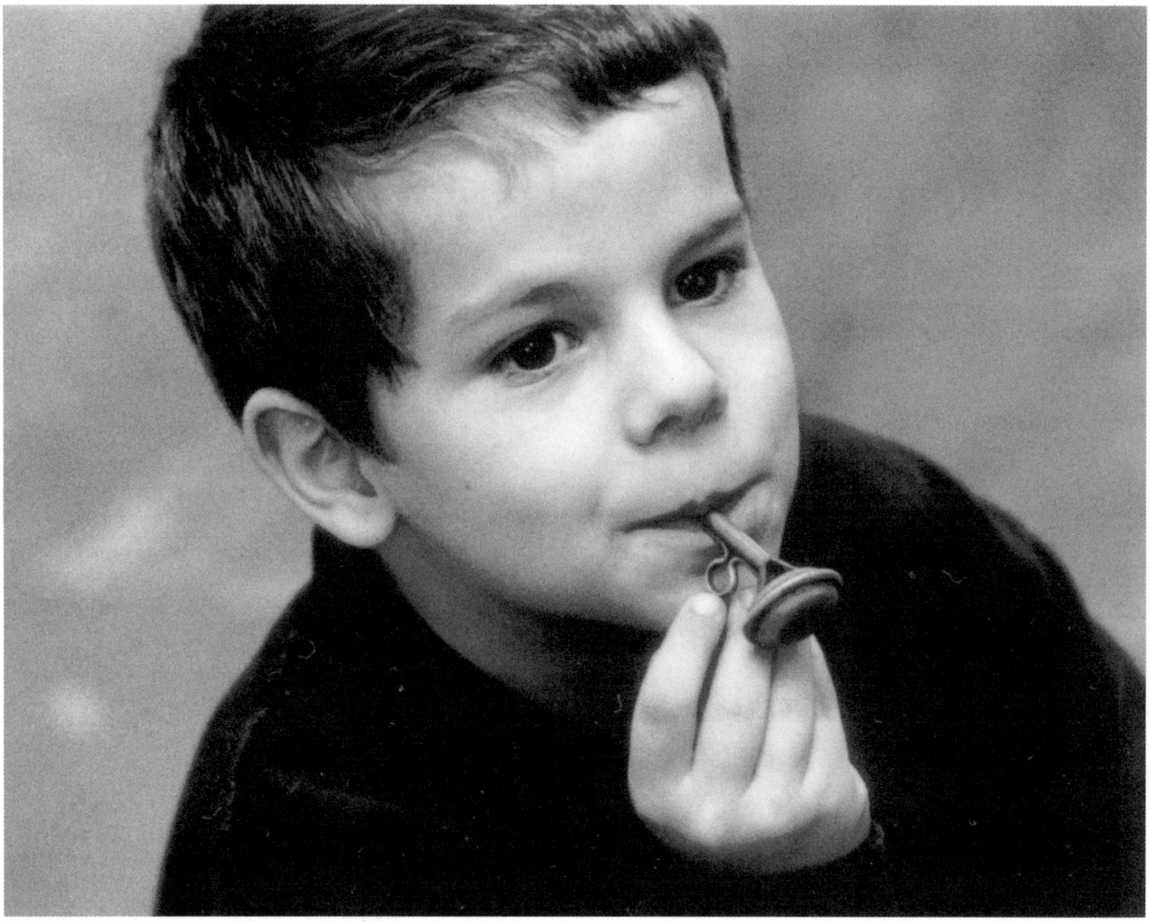

O envolvimento das crianças com o universo sonoro começa ainda antes do nascimento, pois na fase intrauterina os bebês já convivem com um ambiente de sons provocados pelo corpo da mãe, como o sangue que flui nas veias, a respiração e a movimentação dos intestinos. A voz materna também constitui material sonoro especial e referência afetiva para eles.

Os bebês e as crianças interagem permanentemente com o ambiente sonoro que os envolve e – logo – com a música, já que ouvir, cantar e dançar são atividades presentes na vida de quase todos os seres humanos, ainda que de diferentes maneiras. Podemos dizer que o processo de musicalização dos bebês e crianças começa espontaneamente, de forma intuitiva, por meio do contato com toda a variedade de sons do cotidiano, incluindo aí a presença da música. Nesse sentido, as cantigas de ninar, as canções de roda, as parlendas e todo tipo de jogo musical têm grande importância, pois é por meio das interações que se estabelecem que os bebês desenvolvem um repertório que lhes permitirá comunicar-se pelos sons; os momentos de troca e comunicação sonoro-musicais favorecem o desenvolvimento afetivo e cognitivo, bem como a criação de vínculos fortes tanto com os adultos quanto com a música.

A criança é um ser "brincante" e, brincando, faz música, pois assim se relaciona com o mundo que descobre a cada dia. Fazendo música, ela, metaforicamente, "transforma-se em sons", num permanente exercício: receptiva e curiosa, a criança pesquisa materiais sonoros, "descobre instrumentos", inventa e imita motivos melódicos e rítmicos e ouve com prazer a música de todos os povos.

Trazer a música para o nosso ambiente de trabalho exige, prioritariamente, uma formação musical pessoal e também atenção e disposição para ouvir e observar o modo como bebês e crianças percebem e se expressam musicalmente em cada fase de seu desenvolvimento, sempre com o apoio de pesquisas e estudos teóricos que fundamentem o trabalho.

Falaremos de "crianças, sons e músicas" contemplando os seguintes aspectos:

• Condutas da produção sonora infantil segundo François Delalande.
• Do impreciso ao preciso – Uma leitura da trajetória da expressão musical infantil.

Condutas da produção sonora infantil segundo François Delalande

Para o compositor e pesquisador francês, "as condutas de produção sonora da criança" revelam a ênfase num ou noutro estágio de atividade lúdica, segundo Piaget, à semelhança de seus estudos aplicados à linguagem musical como um todo. Ele classifica as categorias de condutas em: *exploração*, *expressão* e *construção*, referentes ao *jogo sensório-motor*, ao *jogo simbólico* e ao *jogo com regras*, respectivamente.

Convicto de que o melhor caminho a seguir é observar e respeitar o modo como bebês e crianças exploram o universo sonoro e musical, François Delalande afirma que essa deve ser a postura de educadores (leigos ou especialistas) diante do desafio de proporcionar às crianças o acesso à experiência musical. Suas pesquisas, realizadas em instituições de educação da França e da Itália, documentam as etapas de exploração sensório-motora, jogo simbólico e jogo com regras, envolvendo desde bebês de seis meses até crianças de doze anos de idade. Como um bebê de seis meses se comporta tendo diante de si um pequeno tambor? Ele experimenta bater, raspar e, aos poucos, organiza a sua exploração, repetindo gestos e movimentos que apreende e internaliza. Nenhum adulto interfere em sua atividade, a não ser para garantir-lhe conforto, bem-estar e segurança!

O compositor francês também aponta as transformações ocorridas a partir da segunda metade do século XX por conta da possibilidade de conhecermos a produção musical de outros povos e culturas, por um lado, e de reconsiderarmos a produção sonora infantil, por outro. São dele as seguintes afirmações:

"Antigamente, até aproximadamente 1950, não viria à ideia de ninguém propor uma aproximação entre a linguagem da criança de oito meses e uma ária de Haendel[5] acompanhada pelo cravo. Para todos, a música era uma questão de melodias e ritmos, e o som musical se diferenciava radicalmente do ruído.

---

5. O compositor Georg Friedrich Haendel nasceu em Halle, Alemanha, em 23 de fevereiro de 1685, e faleceu em Londres, em 14 de abril de 1759.

Quanto à tagarelice da criança e a todas as suas produções sonoras, eram consideradas como uma atividade sensório-motora pela qual ela tomava conhecimento do mundo exterior ao mesmo tempo que exercia suas possibilidades motoras: uma criança de um ano que se distrai fazendo ranger uma porta explora uma relação de causa e efeito entre um gesto e um ruído.

Mas a introdução do gravador, por volta de 1950, alterou radicalmente nossa concepção de música, trazendo duas grandes descobertas. Por um lado, certos compositores puseram-se a fazer música concreta, quer dizer, a compor musicalmente os ruídos, mas tão bem que se podia ouvir o ranger de portas, realizado, desta feita, por um compositor como Pierre Henry[6], gravado em disco, apresentado em concerto, e que, numa primeira aproximação, se pareceria bastante com aqueles produzidos por uma criança pequena.

Por outro lado, o público não especialista pôde escutar músicas extraeuropeias que pouco tempo antes teríamos tido dificuldade em considerar como música. Por exemplo, os cantos de garganta das mulheres esquimós, que utilizam ruídos insólitos produzidos com a voz, são certamente mais próximos das pesquisas sonoras de uma criança com sua voz do que uma ária de Haendel.

No espaço de alguns anos nós tomamos consciência da diversidade de produções humanas a que chamamos 'música', e não seria mais possível reduzi-la às nossas melodias tonais clássicas nem a nossos ritmos, a três ou quatro tempos.

Há, portanto, um denominador comum em todas as práticas. Mas não é preciso ir buscá-lo nos níveis de estilos nem de objetos musicais, eminentemente diferentes, que se podem ouvir em discos. Eles são encontrados no nível das condutas dos músicos; pois, assim como os estilos e as linguagens são variáveis, também é universal o comportamento do músico que concentra sua atenção sobre o som que ele produz com seu instrumento, dominando o gesto para melhor controlar a sonoridade. Se os estilos são diferentes, as condutas são bastante vizinhas. Agora podemos ter um novo olhar sobre as produções sonoras das crianças. A aproximação com a música dos adultos vem a ser possível e, aliás, instrutiva nos dois sentidos. Compreendem-se melhor as condutas do músico adulto observando-se a gênese na infância, e nós interpretamos as pesquisas da criança de uma perspectiva mais rica, uma vez que as comparamos àquelas dos músicos.[...]"

(François Delalande, 2000, p. 48)

A análise que se segue, fruto da pesquisa de F. Delalande, é um referencial que sinaliza questões referentes às condutas de exploração, expressão e construção – do sonoro ao musical.

---

6. Pierre Henry nasceu em Paris, em 1927, e foi diretor do Groupe de Recherches de Musique Concrète, trabalhando com Pierre Schaeffer.

EXPLORAÇÃO

Desde os primeiros meses de vida a atividade sensório-motora do bebê pode tomar a forma de uma exploração de objetos que produzem ruídos. Se a gente pendura um tambor no berço de uma criança de quatro meses, mais cedo ou mais tarde sua mão encontrará a pele, cuja sonoridade ele explorará raspando com as unhas, batendo ou esfregando. Por volta de oito meses, observam-se comportamentos mais elaborados nos quais a modificação de gestos introduz variações do resultado sonoro. Para os nossos músicos, essa repetição com variações, mesmo se ela não é procurada intencionalmente, só pode nos alentar.

Uma menina de três anos gira uma bolinha numa lata de conserva. A bolinha, girando, produz um ruído mais ou menos irregular. Mas [...] a menina encontrou um meio de introduzir uma variação suplementar. Fechando mais ou menos a abertura da lata com sua mão livre, ela modifica o timbre. Ela encontra assim o princípio da guimbarde[7], que se coloca em frente à boca: aqui também se modifica o timbre agitando sobre a abertura de uma cavidade.

Nas produções sonoras das crianças pequenas, de até aproximadamente quatro ou cinco anos, a forma privilegiada é a repetição, como uma reminiscência das reações circulares da pequena infância, e esse aspecto as aproxima de uma proporção importante das produções musicais do mundo inteiro, que adotam com frequência a forma repetitiva. É preciso notar que, uma vez que há repetição de um gesto sensivelmente idêntico num mesmo corpo sonoro, não é tanto sobre o objeto material que se faz a exploração, mas sobre a descoberta sonora, que, ela sim, é ligeiramente variada. Na verdade é uma "ideia musical" que é desenvolvida por variações pela menina de três anos, que, colocada em frente a um microfone e um amplificador, repete um mesmo som produzido com a boca fechada, mas introduzindo progressivamente variações finas que modificam profundamente o caráter expressivo. Passa-se por ligeiras variações, de um "m" sem importância a expressões que poderiam ser interpretadas como lamentosas, em seguida a verdadeiras pequenas fórmulas melódicas ascendentes sobre um intervalo definido. Por ínfimas variações na repetição de um som, a menina explora todo um campo musical.[...]

EXPRESSÃO

Com essa variação de entonação sobre um som vocal, está-se no limiar de uma segunda grande família de condutas observadas na criança: a utilização expressiva do som. A palavra "expressão" é talvez precisa demais. Sem dúvida, deveria se falar de maneira mais geral de uma representação do real pelo som, na qual a expressão dos estados afetivos é apenas um caso particular. A representação define, na verdade, o jogo simbólico da criança. Mas, para justificar esse

---

7. Instrumento também chamado, popularmente, de berimbau de boca.

abuso de linguagem, observa-se que, por volta dos quatro ou cinco anos, a representação do real pelo som é fortemente ligada à vivência afetiva. Mais tarde, pelos dez anos, por exemplo, o realismo acústico será procurado, mas aos cinco anos não há diferença notável entre a música de um personagem que anda sobre gravetos ou sobre a grama. Por outro lado, que se suba com dificuldade uma escada ou que se desça com facilidade, isso se ouve. É uma sequência gestual reinterpretada por meio da lembrança do esforço ou da facilidade. Não é a objetividade da cena descrita que impõe sua lei, mas a vivência corporal e afetiva que está associada a ela. O realismo acústico dominará por volta dos sete anos, mas por volta dos cinco anos é ainda um realismo quinestésico.

Aliás, quando as crianças de cinco anos, em um jogo dramático, realizam a música do mar calmo ou da tempestade, elas fazem a mímica corporal do estado do mar ao mesmo tempo que o representam pelo som. A música dobra a expressão gestual. O mar calmo é feito por pequenos movimentos de mãos acompanhando sons breves, digamos, leves, mas a tempestade é representada por movimentos amplos do corpo inteiro e de grandes e trágicos perfis sonoros. Aí também a comparação com as músicas eruditas é surpreendente. São encontradas as mesmas grandes trajetórias descendentes em uma obra de Bayle querendo trazer o sentimento do trágico.

Se me parece útil insistir sobre a ligação entre a motricidade na criança e a representação sonora do real, é porque ela nos aproxima da expressão musical. Assim como a preocupação do realismo do ruído poderia nos afastar da música, também o sincretismo que se observa na criança de quatro ou cinco anos entre o gesto, o som e a expressão é próximo de nossa experiência de músicos. Parece que, se uma frase musical pode evocar um sentimento, é porque ela é, primeiramente, a imagem de um gesto, e que nossos gestos — mais ou menos rápidos — estão ligados a nossos estados afetivos.

CONSTRUÇÃO

Ainda hesitamos para falar de música a propósito das sequências que crianças de menos de seis anos produzem, ainda muito marcadas pela exploração das fontes ou pelo desejo de simbolizar diretamente uma cena. Falta um componente essencial à produção musical do adulto: a preocupação de organizar a música, de lhe dar uma forma. Aparece, na verdade, por volta dos seis ou sete anos, quando o respeito à regra domina no jogo da criança. Não é uma coincidência: pode-se ver, nesse jogo combinatório que é, frequentemente, a música, uma forma de jogo de regras. Na escrita por imitação da polifonia do século XVI ou do contraponto de J. S. Bach[8], não se pode negar a satisfação intelectual que provém desses encaixes de uma melodia e de seu duplo. [...]

---

8. Johann Sebastian Bach nasceu em Eisenach, Turíngia, em 21 de março de 1685, e faleceu em Leipzig, em 28 de julho de 1750.

As brincadeiras cantadas infantis são talvez uma das primeiras manifestações do jogo musical com regras. Trata-se de fazer entrar uma frase em um molde rítmico, e essa conduta é bastante comparável àquela que consiste, quando a gente passeia na calçada, em evitar andar sobre as linhas da pavimentação (conduta muito sofisticada encontrada no jogo da amarelinha). Mas organizar a música, ou organizá-la entre crianças quando ela é produzida, é uma preocupação que toma sua verdadeira dimensão na criação coletiva.

[...] Os três grandes fatores que caracterizam as condutas dos músicos são sucessivamente dominados pela criança: a exploração das fontes e as pesquisas sonoras, a expressão da vida afetiva e, geralmente, a representação, enfim, a organização das ideias entre tais, então a forma.[...]

(F. Delalande, 2000, p. 51)

Se a pesquisa de Delalande acerca das condutas da produção sonora da criança pode nos auxiliar a conhecer melhor o modo como as crianças se relacionam com o universo de sons e música, é importante lembrar que cada criança é única e que percorre seu próprio caminho no sentido da construção do seu conhecimento, em toda e qualquer área.

Do impreciso ao preciso. Uma leitura da trajetória da expressão musical infantil

O modo como as crianças percebem, apreendem e se relacionam com os sons, no tempo-espaço, revela o modo como percebem, apreendem e se relacionam com o mundo que vêm explorando e descobrindo a cada dia. A partir dessa ótica, com a intenção de complementar a análise de Delalande, falaremos ainda sobre a expressão musical das crianças seguindo uma trajetória que vai do impreciso ao preciso.

"Preciso" ou "impreciso" não têm, de forma alguma, conotação de valor, de certo ou errado, melhor ou pior etc.; referem-se, sim, às condutas infantis de exploração e produção sonoras.

Quando emite sons vocais, em movimentos sonoros ascendentes ou descendentes, o bebê não busca uma afinação coerente com o repertório dos sons de sua cultura: ele explora as qualidades desse gesto e vai, à medida que exercita, descobrindo e ampliando novas possibilidades para seu exercício. Aliás, vale lembrar que, durante os primeiros meses de vida, o bebê explora grande quantidade de sons vocais, preparando-se para o exercício da fala, sem limitar-se, ainda, aos sons e fonemas presentes em sua língua natal, fato que passa a ocorrer a partir dos oito meses.

Muitas crianças de dois a três anos de idade acompanham uma canção com movimentos regulares, seguindo o pulso, sem que isso seja um critério organizador para elas, que podem desviar-se e passar a acompanhar a mesma canção de forma não métrica, sem a consciência do que isso implica do ponto de vista musical. O que está em jogo, então, é sempre a questão da consciência.

Felipe, como exemplo, tinha quatro anos quando, ao visitar a escola de música, explorava com liberdade o teclado do piano. Felipe tocava ora nos graves, ora nos agudos, produzindo blocos de sons, alguns sons discretos, sem se preocupar em localizar as notas musicais no teclado. O menino tocava com alegria e prazer, e resolveu convidar sua mãe para tocar junto com ele:

"Vem, mamãe, tocar piano junto comigo".

A mãe aproveitou para reforçar o sentido da visita a uma escola de música:

"A mamãe não sabe tocar piano. Só o papai sabe, porque a mamãe não estudou, não aprendeu a tocar!"

Felipe escutou o que sua mãe disse e, então, respondeu:

"Pode vir tocar, sim, que eu ensino você. Eu já sei. É só apertar que o som sai!"

Ele traduziu muito bem o que significava para ele, aos quatro anos, tocar piano ou, em outras palavras, fazer música. O piano era um grande bloco de sons que ele explorava qualitativamente: variava as alturas (do grave ao agudo), a intensidade, tocava sons sucessivos, depois simultâneos etc., exercitando gestos necessários e adequados à realização musical pelo piano, que ele já tivera a chance de observar. No entanto, Felipe não se preocupava em saber onde estava a nota dó e tampouco buscava reproduzir ou imitar estruturas sonoras conhecidas. Acima de tudo, ele criava sua própria música, reproduzindo gestos, experimentando, criando...

A exploração sonora de Felipe ao piano, ao lado dos demais exemplos, ilustra o significado de "imprecisão" no contexto do fazer musical: lidando com elementos pertinentes à música, Felipe não se preocupava em precisar as *alturas* e *durações* que produzia, tocando aleatoriamente e encantando-se com os sons que percebia. Sua música não era, ainda, figurativa, desconhecendo os conceitos de melodia, ritmo e harmonia em sua forma tradicional.

E, com certeza, o mesmo menino, tempos depois, teria interesse em reproduzir uma pequena canção ou linha melódica, criada por ele ou aprendida. Também é provável que, se fosse estimulado na área musical, viesse a manifestar o desejo de tocar um instrumento em particular. Aproximando-se da etapa do jogo com regras, a música passa a ser também um vasto domínio para a sistematização e a organização do conhecimento.

Faz sentido estabelecer uma ponte entre a expressão musical e a expressão gráfica das crianças até a idade de seis anos, com base nas colocações acima? Da exploração sensório-motora das formas circulares e verticais, desenhadas com força e ocupando o espaço do papel globalmente, à produção do desenho figurativo, que reproduz uma cena, um lugar, é possível perceber pontos de convergência entre a expressão nas duas linguagens (e, aliás, entre quaisquer formas de pensamento e ação infantis): a ausência de formas definidas, a exploração concreta dos materiais, o gesto que é ação, a utilização não convencional do espaço, transformando-se até o estágio em que o desenho persegue conexões cada vez mais próximas com o real, delimitando espaços e usando cores intencionalmente, sintonizam-se com a exploração sonora que vai do gesto à criação de formas sonoras.

O processo de aquisição da linguagem também facilita a comparação com a expressão musical: da fase de exploração vocal à etapa de reprodução, criação e reconhecimento das primeiras letras, daí à grafia de palavras, depois a frases e, enfim, à leitura e à escrita, existe um caminho que envolve a permanente reorganização de percepções, explorações, descobertas, construções de hipóteses, reflexões e sentidos que tornam significativas todas as transformações e conquistas de conhecimento: a consciência em contínuo movimento. Isso ocorre também com a música.

A "garatuja sonora" do bebê e da criança pequena sintoniza-se com o modo como ela explora os materiais sonoros que tem em mãos, com a exploração de sons vocais com que se entretém por longos períodos, sem que importe o resultado e sem que o uso de "regras gramaticais" dessa linguagem faça o menor sentido, como, aliás, só poderia ser. Importa explorar os materiais, imitar a ação, nessa fase que o pedagogo e pesquisador musical inglês Keith Swanwick chama de "manipulativa", com ênfase na exploração dos materiais, e que, para François Delalande, corresponde ao período de exploração sensório-motora, ambos apoiando-se nas pesquisas de Jean Piaget.

Variar a velocidade, a intensidade, explorar e realizar sons de diferentes alturas, diferentes durações, sem a orientação de um pulso regular, é maneira de fazer música sintonizada com as crianças de até dois ou três anos, ainda que muitas diferenças possam ser ouvidas, em virtude de aspectos que podem dizer respeito ao desenvolvimento e ao percurso individuais, ao contexto socioeconômico em que vivem as crianças, ao maior ou menor contato com manifestações musicais, aos estímulos de amor, afeto, segurança etc.

Quando a criança descobre as letras de seu nome (às vezes, só uma!), ela passa a assinar seus desenhos, a marcar suas coisas, apontando para a consciência de que existe um código simbólico por meio do qual é possível representar algo (no caso, ela mesma), mas sem a preocupação de estar ou não usando de maneira precisa e correta esse mesmo código, porque, por ora, basta saber que ele existe! A primeira assinatura de Mairah, aos quatro anos, era a letra H. Talvez por ser o H uma letra não tão presente (ao menos no universo de uma criança de quatro anos), foi a primeira com a qual ela se conectou. Quando fazia um desenho, marcava seu nome com um H e, se lhe perguntassem o que estava escrito ali, respondia logo: "MAIRAH". Era o início de um novo tempo, em que ela começava a lidar de modo diferente com signos e símbolos. Algum tempo depois, Mairah passou a grafar MRAIHA, MHAIRA, HAIRAM... Para ela, a ordem dos fatores ainda não alterava o produto; se estava ciente dos sinais gráficos que devia usar, a ordem exata não era, ainda, questão a considerar. Enquanto isso, sua música também se transformava: reproduzia ritmos medidos simples e era capaz de sentir e manter um pulso regular. Seu repertório de canções se ampliava, e ela cantava expressivamente. Sabia da existência das notas musicais e, às vezes, pedia uma partitura para colocar na estante do piano e "ler" o que tocava. E, quando tocava, a ordem dos fatores também não alterava o produto. Às vezes dizia: "Vou tocar *Atirei o pau no gato*", ou outra canção. Então, cantava, acompanhando-se ao piano, realizando o ritmo da canção com bastante proximidade do modelo, mas explorando livremente o teclado, conferindo equivalência a qualquer altura, qualquer nota musical, sem a consciência de que o perfil ou a definição daquela melodia dependiam também da organização precisa dos tons musicais.

Até que Mairah, entre cinco e seis anos, não mais trocava a ordem das letras de seu nome, e de muitos outros que aprendeu a escrever. Também já sabia que, para tocar "dó, ré, mi, fá, fá, fá...", era necessário respeitar essa ordem. Criar e reproduzir linhas melódicas passou a ter importância para ela, o que sucedia também com relação ao aspecto rítmico. A escuta se afiava, ela se mostrava mais interessada em reconhecer timbres, em perceber partes diferentes ou repetições de uma obra musical. As regras da linguagem musical começavam a lhe interessar, e um novo modo de ouvir e de se expressar se estabelecia, exigindo outro tipo de atenção e de concentração, disposição para repetir até acertar, para descobrir motivos e idéias musicais, e até mesmo para querer decifrar o sistema de notação musical tradicional. Sua interação com o meio sociocultural tornava-se cada vez mais evidente.

Obviamente, respeitar o processo de desenvolvimento da expressão musical infantil não deve se confundir com a ausência de intervenções educativas. Nesse sentido, o professor deve atuar – sempre – como animador, estimulador, provedor de informações e vivências que irão enriquecer e ampliar a experiência e o conhecimento das crianças, não apenas do ponto de vista musical, mas integralmente, o que deve ser o objetivo prioritário de toda proposta pedagógica, especialmente na etapa da educação infantil.

Entretanto, é importante considerar legítimo o modo como as crianças se relacionam com os sons e silêncios, para que a construção do conhecimento ocorra em contextos significativos, que incluam criação, elaboração de hipóteses, descobertas, questionamentos, experimentos etc. Como afirmou César Coll:

> *"A finalidade última da intervenção pedagógica é contribuir para que o aluno desenvolva as capacidades de realizar aprendizagens significativas por si mesmo [...] e que aprenda a aprender."*
> (C. Coll, 1990, p. 179)

Conclusão

Refletir sobre as capacidades presentes em cada etapa do desenvolvimento infantil, bem como sobre as tantas conquistas, só tem razão de ser se respeitamos o processo único e singular de cada ser humano, como já foi lembrado anteriormente, e se consideramos que esse processo se dá na interação com o meio, num ambiente de amor, afeto e respeito. Além disso, um trabalho pedagógico-musical deve se realizar em contextos educativos que entendam a música como processo contínuo de construção, que envolve perceber, sentir, experimentar, imitar, criar e refletir.

Nesse sentido, importa, prioritariamente, a criança, o sujeito da experiência, e não a música, como muitas situações de ensino musical insistem em considerar. A educação musical não deve visar à formação de possíveis músicos do amanhã, mas sim à formação integral das crianças de hoje.

É preciso cuidado para não confundir estimulação precoce, janelas abertas para a música (assim como para qualquer área) com treinamento mecanicista ou sistematização formal precoce, que visam a resultados que nem sempre são os que mais importam e interessam à criança. Os cursos de música para bebês, por exemplo, que podem ser maravilhosos espaços para o exercício sensível e cognitivo, transformam-se, algumas vezes, em aulas de sistematizada repetição, propondo e cobrando atitudes e comportamentos que, no mínimo, não fazem muito sentido para eles. Atividades que solicitam que o bebê acompanhe o pulso de uma música com um pequeno instrumento, brinquedo ou objeto sonoro podem não fazer sentido para seres humanos que se relacionam com outro conceito de tempo. Colocar a criança em contato com situações de interação com músicas métricas é bom e, mesmo, necessário, mas difere da insistência em submetê-la à realização de exercícios que buscam desenvolver o pulso como ideal e como única possibilidade de realização musical.[9] Da mesma forma, é difícil para um bebê de oito meses entender que é chegada a hora de trocar seu instrumento com o amigo, conforme propõe o adulto, quando ele precisa de um tempo maior para explorar as potencialidades do material e para brincar com ele, no real sentido do termo.

---

9. Basta lembrar as muitas maneiras de organização musical, conforme vimos no capítulo 2.

FIQUE ATENTO

É preciso estar alerta para estimular o bebê, responder a ele e interagir com ele a fim de ajudá-lo a crescer de modo sadio e equilibrado, tendo o cuidado essencial de respeitar seu percurso individual.

- O que você, na sua prática como educador ou educadora, tem percebido com relação à maneira como as crianças se expressam musicalmente? Elas cantam? Como? Retêm na memória as canções que aprendem? Inventam canções? Afinam?

- As crianças se interessam em ouvir? Que tipos de música preferem escutar? Elas se movimentam ou fazem gestos enquanto escutam ou cantam algo? E com relação aos sons do entorno?

- Gostam de tocar instrumentos e de transformar objetos em instrumentos musicais? Criam com seus materiais sonoros?

- Demonstram alegria e entusiasmo quando participam de atividades musicais? Fazem perguntas sobre questões musicais?

- Que experiências musicais elas trazem consigo? Você conhece as famílias das crianças? Tem algum tipo de informação sobre a vida musical delas?

- Que idade têm as suas crianças? O que você percebe que é diferente com relação às mais velhas? E com relação às mais novas?

- Que outras questões poderiam ser elaboradas para ampliar e enriquecer o trabalho nessa área?

Essas e outras indagações, que poderemos estar formulando a cada dia, devem acompanhar nosso trabalho musical com as crianças. Observar, comparar (sem juízo de valor, sem considerar melhor ou pior) e registrar o que percebemos é mais importante do que apenas acreditar no que dizem os livros. Só assim criaremos condições para ampliar as possibilidades de percepção, criação, reflexão, expressão e comunicação musical das crianças.

Para pesquisar

ALSINA, P. *El área de educación musical*. Barcelona: Editorial Graó, 1997.

ARONOFF, F. W. *La música y el niño pequeño*. Buenos Aires: Ricordi, 1974.

BEYER, E. (org.). *Ideias em educação musical*. Porto Alegre: Mediação, 1999.

BRASIL. Ministério da Educação e do Desporto. *Referencial curricular nacional para a educação infantil*. v. 3. Brasília: MEC/SEF, 1998.

DELALANDE, F. *La musique est um jeu d'enfant*. Paris: Éditions Buchet/Chastel, 1984.

—. A criança do sonoro ao musical", In: *Anais do VII Encontro Anual da Associação Brasileira de Educação Musical*. Trad. Bernadete Zagonel. Curitiba: Abem, 1999.

FERES, J. S. M. *Bebê: música e movimento – Orientação para musicalização infantil*. Jundiaí: J. S. M. Feres, 1998.

FREIRE, M. *A paixão de conhecer o mundo*. Rio de Janeiro: Paz e Terra, 1983.

GAINZA, V. H. *La iniciación musical del niño*. Buenos Aires: Ricordi Americana, 1964.

GARDNER, H. *Arte, mente e cérebro*. Porto Alegre: Artes Médicas, 1999.
—. *As artes e o desenvolvimento humano*. Porto Alegre: Artes Médicas, 1997.
—. *A criança pré-escolar – Como pensa e como a escola pode ensiná-la*. Porto Alegre: Artes Médicas, 1994.
—. *Estruturas da mente*. Porto Alegre: Artes Médicas, 1994.

HOWARD, W. *A música e a criança*. São Paulo: Summus, 1984.

JEANDOT, N. *Explorando o universo da música*. São Paulo: Scipione, 1990.

MARTINS, M. C. F. D. *Didática do ensino de arte – A língua do mundo: poetizar, fruir e conhecer arte*. São Paulo: FTD, 1998.

MINISTÉRIO DA EDUCAÇÃO. *Professor da pré-escola*. v. II. São Paulo: Globo, 1992.

PEARCE, J. C. *A criança mágica*. Trad. Cinthia Barki. Rio de Janeiro: Francisco Alves, 1982.

PIAGET, J. *A formação do símbolo na criança*. Rio de Janeiro: Zahar, 1978.
—. *O nascimento da inteligência na criança*. Rio de Janeiro: Zahar, 1976.
—. *A construção do real na criança*. Rio de Janeiro: Zahar/MEC, 1975.

PIAGET, J.; INHELEDER, B. *A psicologia da criança*. São Paulo: Difel, 1982.

SWANWICK, K. *Musical knowledge – Intuition, analysis and music education*. Londres: Routledge, 1994.
—. *Music, mind and education*. Londres: Routledge, 1988.
—. *Permanecendo fiel à música na educação musical*. Porto Alegre: Abem, 1993.

VYGOTSKY, L. S. *A formação social da mente*. São Paulo: Martins Fontes, 1989.

WILLEMS, E. *As bases psicológicas da educação musical*. Fribourg: Éditions Pro Música, 1970.
—. *La preparación musical de los mas pequeños*. Buenos Aires: Eudeba, 1976.

A música na educação infantil

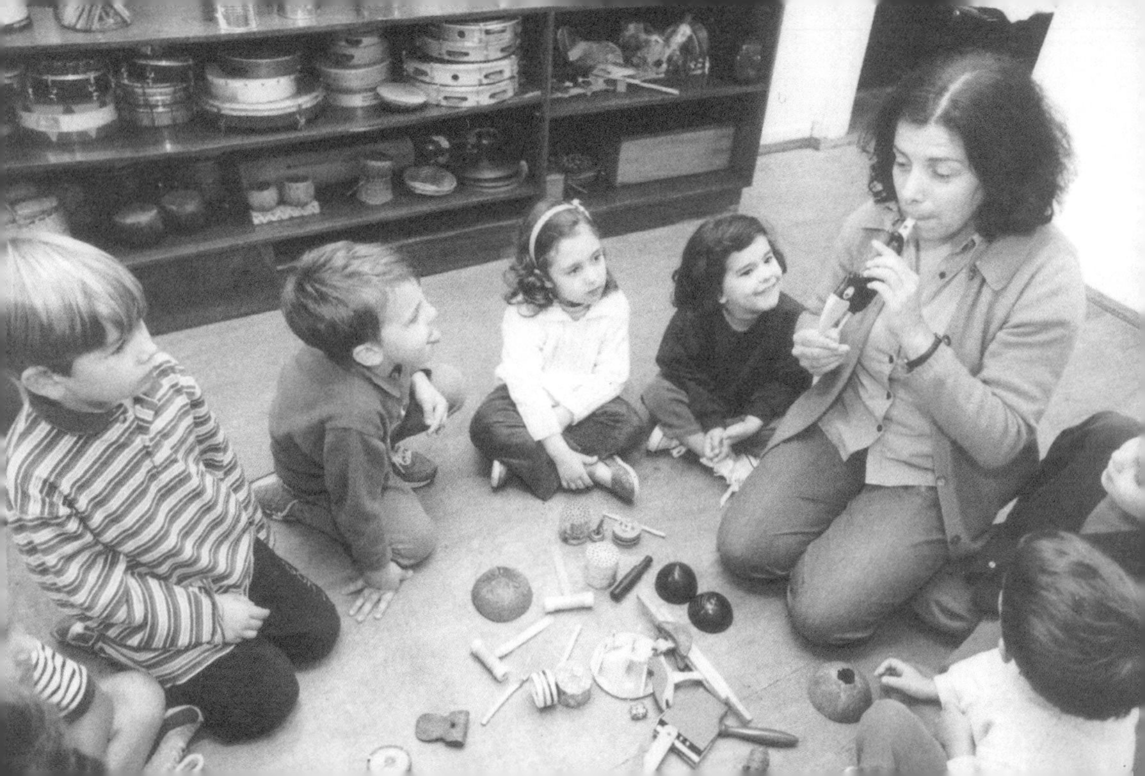

No dia a dia da educação infantil brasileira, a música vem atendendo a propósitos diversos, segundo concepções pedagógicas que vigoraram (ou vigoram) em nosso país no decorrer do tempo.

Ainda percebemos fortes resquícios de uma concepção de ensino que utilizou a música – ou, melhor dizendo, a canção – como suporte para a aquisição de conhecimentos gerais, para a formação de hábitos e atitudes, disciplina, condicionamento da rotina, comemorações de datas diversas etc. Os cantos (ou "musiquinhas", como muitos ainda insistem em dizer) eram quase sempre acompanhados de gestos e movimentos que, pela repetição, tornavam-se mecânicos e estereotipados, automatizando o que antes era – ou poderia vir a ser – expressivo. A música, nesses contextos, era apenas um meio para atingir objetivos considerados adequados à instrução e à formação infantis.

A Escola Nova, que passou a influenciar o ensino brasileiro entre as décadas de 50 e 60, "direcionou o ensino de arte para a livre expressão e a valorização do processo" (M. C. F. D. Martins, 1998, p. 11). Promovendo situações para o "aprender fazendo", esse movimento introduziu mudanças, gerando transformações, acertos e erros. A crítica à Escola Nova aponta para o espontaneísmo centrado na "valorização extrema do processo sem preocupação com os seus resultados" (M. C. F. D. Martins, 1998, p. 11).

Ainda assim, não podemos dizer que tenha se instalado, na área de música, uma postura de efetiva orientação para a criatividade, e, salvo exceções, ocorreram alguns mal-entendidos. De um lado, respeitar o processo criativo foi entendido como deixar fazer qualquer coisa (o "vale-tudismo", como costuma dizer Koellreutter), sem orientação, sistematização e, consequentemente, sem ampliação do repertório e das possibilidades expressivas das crianças; por outro lado, integrar diversos modos de realização musical assustava os educadores, que prefeririam, então, continuar reproduzindo os mesmos modelos, estratégias, técnicas e procedimentos, que, de modo geral, excluíam a criação.

"Precisamos ensaiar a música do Dia das Mães", dizia a professora, preocupada mais em cumprir seu calendário de eventos do que em fazer música com as crianças. Enquanto isso, explorar possibilidades de expressão vocal, corporal ou instrumental e pesquisar, inventar, escutar e pensar a música ficavam em segundo plano ou, muitas vezes, em plano nenhum.

Ainda hoje, quando a educação infantil, de modo geral, redimensionou conceitos, abordagens e modos de atuação, sob a influência de novas pesquisas e teorias pedagógicas, percebemos que o trabalho com a linguagem musical avança a passos muito lentos rumo a uma transformação conceitual. É comum detectar a existência de certa defasagem entre o trabalho realizado na área de música e aquele efetivado nas demais áreas do conhecimento.

Felizmente, já não deparamos corriqueiramente com os desenhos prontos que eram oferecidos às crianças para serem coloridos – conforme sugestões do professor ou professora! –, e também estão cada vez mais distantes os dias em que se copiavam letras e números, muitas e muitas vezes, de modo mecânico e desprovido de significado. Mas continuamos apenas cantando canções que já vêm prontas, tocando os instrumentos única e exclusivamente de acordo com as indicações prévias do professor, batendo o pulso, o ritmo etc., quase sempre excluindo a interação com a linguagem musical, que se dá pela exploração, pela pesquisa e criação, pela integração de subjetivo e objetivo, de sujeito e objeto, pela elaboração de hipóteses e comparação de possibilidades, pela ampliação de recursos, respeitando as experiências prévias, a maturidade, a cultura do aluno, seus interesses e sua motivação interna e externa.

Obviamente, o trabalho realizado na área de música reflete problemas que somam à ausência de profissionais especializados a pouca (ou nenhuma) formação musical dos educadores responsáveis pela educação infantil, consequência de um sistema educacional que se descuidou quase por completo da educação estética de muitas gerações. Reflete, outrossim, a necessidade de repensar a concepção enraizada, e muitas vezes ultrapassada, que se tem de música, assim como a necessidade de conhecer e respeitar o processo de desenvolvimento musical das crianças (razão de ser de nossa explanação anterior sobre o universo de sons e silêncios, sobre "as músicas" e sobre a relação da criança com essa linguagem).

Para a grande maioria das pessoas, incluindo os educadores e educadoras (especializados ou não), a música era (e é) entendida como "algo pronto", cabendo a nós a tarefa máxima de interpretá-la. Ensinar música, a partir dessa óptica, significa ensinar a reproduzir e interpretar músicas, desconsiderando a possibilidade de experimentar, improvisar, inventar como ferramenta pedagógica de fundamental importância no processo de construção do conhecimento musical.

Outro "complicador" diz respeito ao caráter de espetáculo que freqüentemente ronda o trabalho musical: dedica-se muito tempo a ensaios para apresentações em comemorações diversas que até mesmo excluem os alunos considerados desafinados, "sem voz", "sem ritmo" etc. Ainda hoje existem escolas de educação infantil que iniciam os ensaios para a grande festa junina no mês de abril, reduzindo a isso as atividades da área de música durante todo o decorrer do semestre. E nem ao menos se desenvolvem projetos de pesquisa, de criação, de integração com outras áreas do conhecimento: cada classe limita-se a ensaiar – exaustivamente – o canto e a dança que irá apresentar no mês de junho!

"Agora, lá na minha aula de música, a gente só fica ensaiando para a festa junina", disse-me Mariana, de seis anos, com ar desolado. Estávamos no mês de abril!

Aceitando a proposição de que a música deve promover o ser humano acima de tudo, devemos ter claro que o trabalho nessa área deve incluir todos os alunos. Longe da concepção europeia do século passado, que selecionava os "talentos naturais", é preciso lembrar que a música é linguagem cujo conhecimento se constrói com base em vivências e reflexões orientadas. Desse modo, todos devem ter o direito de cantar, ainda que desafinando! Todos devem poder tocar um instrumento, ainda que não tenham, naturalmente, um senso rítmico fluente e equilibrado, pois as competências musicais desenvolvem-se com a prática regular e orientada, em contextos de respeito, valorização e estímulo a cada aluno, por meio de propostas que consideram todo o processo de trabalho, e não apenas o produto final.

As colocações expostas acima assumem valor maior quando lembramos que a música deve ser parte importante da formação das crianças que apresentam necessidades especiais.

Mas nem tudo é negativo, felizmente. O ensino-aprendizagem na área de música vem recebendo influências das teorias cognitivas, em sintonia com procedimentos pedagógicos contemporâneos. Amplia-se o número de pesquisas sobre o pensamento e a ação musicais que podem orientar os educadores e gerar contextos significativos de ensino-aprendizagem, que respeitem o modo de perceber, sentir e pensar de bebês e crianças.

Para pesquisar

ARGENTINA. *Actualización curricular artes – Música*. Municipalidad de la ciudad de Buenos Aires. Secretaría de Educación. Dirección de Currículum. Documento de Trabajo nº 2, 1996.

BRASIL. Ministério da Educação e do Desporto. *Referencial curricular nacional para a educação infantil*. v. 3. Brasília: MEC/SEF, 1998.

BUITONI, D. S. *Quintal mágico – Educação-arte na pré-escola*. São Paulo: Brasiliense, 1988.

BROOKS, J. G. *Construtivismo em sala de aula*. Trad. Maria Aparecida Kerber. Porto Alegre: Artes Médicas, 1997.

CAMARGO, L. (org.). *Arte-educação – Da pré-escola à universidade*. São Paulo: Nobel, 1989.

CARVALHO, S.; SILVA, S.; GASTALDI, V. Conteúdos: Quais, quando e quanto de cada? *In: Avisa lá – Revista para a formação de professores de educação infantil e séries iniciais do ensino fundamental*, nº 5, janeiro de 2001.

COLL, C. *Os conteúdos na reforma – Ensino e aprendizagem de conceitos, procedimentos e atitudes*. César Coll, Juan Ignacio Pozo, Bernabé Sarabia e Enric Valls. Trad. Beatriz Affonso Neves. Porto Alegre: Artes Médicas, 1998.

FREIRE, M. *A paixão de conhecer o mundo – Relatos de uma professora*. Rio de Janeiro: Paz e Terra, 1983.

FUKS, R. *O discurso do silêncio*. Rio de Janeiro: Enelivros, 1991b.

GARDNER, H. *A criança pré-escolar – Como pensa e como a escola pode ensiná-la*. Porto Alegre: Artes Médicas, 1994.

MACHADO, M. L. *Pré-escola é não é escola – A busca de um caminho*. Rio de Janeiro: Paz e Terra, 1991.

MINISTÉRIO DA EDUCAÇÃO. *Professor da pré-escola*. v. II. Fundação Roberto Marinho, São Paulo: Globo, 1992.

MORAES, M. C. *O paradigma educacional emergente*. Campinas: Papirus, 1997.

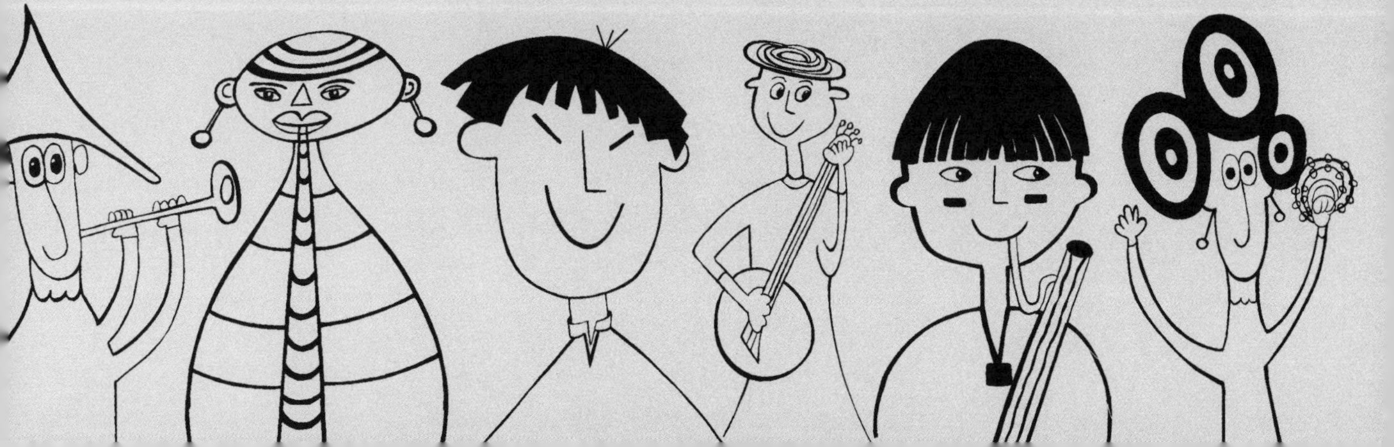

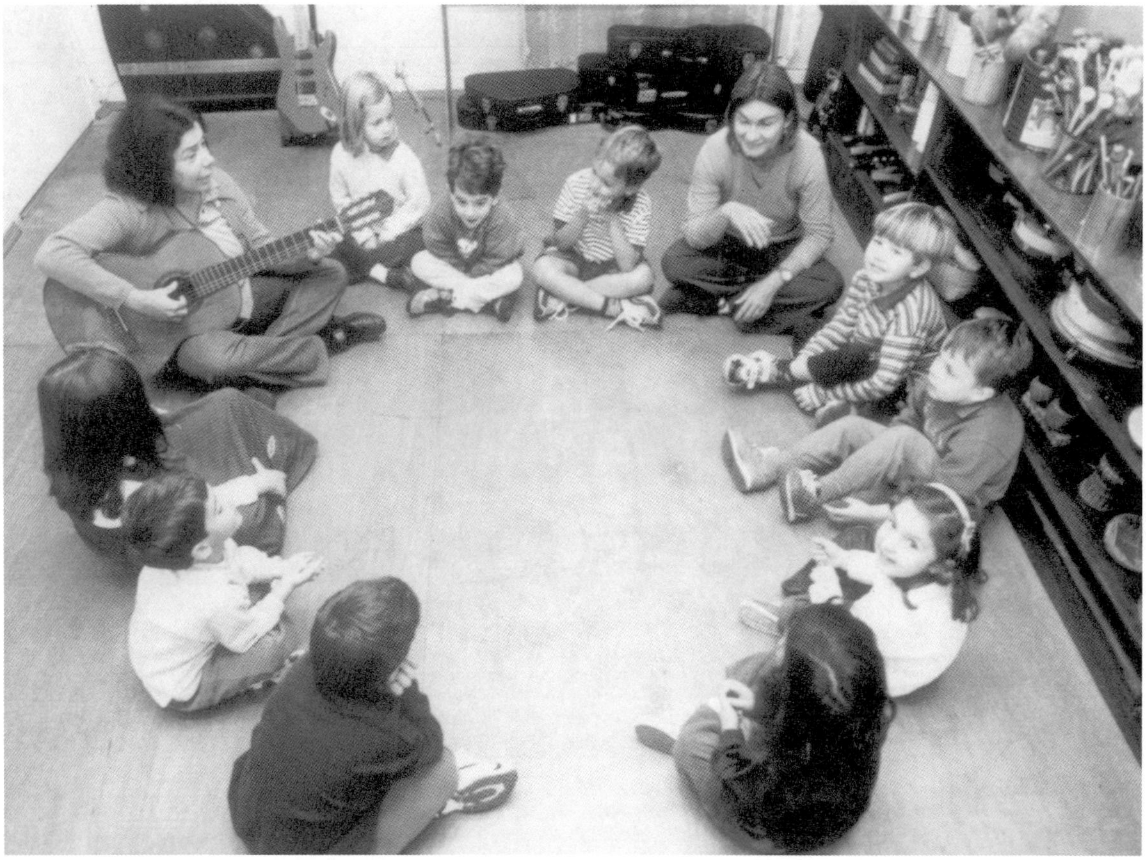

Consideramos fazer musical como o contato entre a realização acústica de um enunciado musical e seu receptor, seja este alguém que cante, componha, dance ou simplesmente ouça.[10]

A produção musical ocorre por meio de dois eixos – a criação e a reprodução – que garantem três possibilidades de ação: a *interpretação*, a *improvisação* e a *composição*.

O que caracteriza e particulariza cada um dos modos de realização musical?

A *interpretação* é atividade ligada à imitação e reprodução de uma obra. Mas interpretar significa ir além da imitação por meio da ação expressiva do intérprete. Somos intérpretes quando cantamos ou tocamos uma obra musical.

Improvisar é criar instantaneamente orientando-se por alguns critérios. Se para falar de improviso é preciso ter em mente o assunto, o domínio de um vocabulário, ainda que pequeno, assim como algum conhecimento de gramática, algo semelhante ocorre com a música. Quando improvisa, o músico orienta-se por critérios e referenciais prévios, e, tal qual acontece na fala improvisada, quando coisas interessantes e significativas são ditas sem que fiquem registradas, a improvisação musical lança ideias, pensamentos, frases, textos... Se não ficam registradas integralmente, como sucede com o documento escrito, as ideias musicais não se perdem totalmente. Vão e vêm, transformando-se, recriando-se, podendo ser trabalhadas e amadurecidas.

Composição é a criação musical caracterizada por sua condição de permanência, seja pelo registro na memória, seja pela gravação por meios mecânicos (fita cassete, CD), seja, ainda, pela notação, isto é, pela escrita musical. Foi graças às partituras (notações musicais) que pudemos ter acesso às composições musicais do passado, às obras de compositores da música ocidental como Beethoven, Bach, Chopin, entre outros.

---

10. FERRAZ, S. "Elementos para uma análise do dinamismo musical", *in* Cadernos de Estudo/Análise Musical, nº 6/7. São Paulo: Atravez, 1994, p. 18.

No dia a dia das creches e pré-escolas, a linguagem musical deve contemplar atividades como:

- trabalho vocal;
- interpretação e criação de canções;
- brinquedos cantados e rítmicos;
- jogos que reúnem som, movimento e dança;
- jogos de improvisação;
- sonorização de histórias;
- elaboração e execução de arranjos (vocais e instrumentais);
- invenções musicais (vocais e instrumentais);
- construção de instrumentos e objetos sonoros;
- registro e notação;
- escuta sonora e musical: escuta atenta, apreciação musical;
- reflexões sobre a produção e a escuta.

Fontes sonoras para o fazer musical

Chamamos de *fonte sonora* todo e qualquer material produtor ou propagador de sons: produzidos pelo corpo humano, pela voz, por objetos do cotidiano, por instrumentos musicais acústicos, elétricos etc., e, conforme já apontamos, pode-se fazer música com todo e qualquer material sonoro.

Do contato com os sons da natureza e do manuseio de materiais naturais surgiram as primeiras flautas de bambu, os primeiros tambores (feitos de troncos de árvores e peles de animais) e instrumentos de cordas (feitos com tripas de animais). A observação e a imitação dos sons presentes na natureza, bem como a necessidade de transcendê-los, deram origem e desenvolvimento à *lutheria*[11] – arte da confecção de instrumentos musicais que, como extensões do corpo humano, ampliaram as possibilidades de expressão musical para além dos sons vocais e corporais.

A criação de instrumentos musicais (dos mais primitivos aos mais sofisticados) seguiu uma trajetória coerente, adequada às necessidades e possibilidades dos seres humanos, em cada época e em cada lugar.

Os instrumentos musicais

É muito grande o número de instrumentos – antigos, étnicos, folclóricos, de orquestra, modernos –, e a *organologia*[12] os classifica em três famílias ou grupos: *cordas* (com arco, dedilhadas ou acionadas por teclado), *sopro* (de madeira e metal) e *percussão* (de altura determinada ou indeterminada). A orquestra moderna agrupa os instrumentos por naipes: cordas, madeiras, metais e percussão.

---

11. O termo "luthier", em sua origem, designava os construtores de alaúdes – instrumentos de cordas, dedilhados, anteriores ao violão. Atualmente, a palavra "luthier" designa todo e qualquer artesão musical.

12. Organologia é a ciência que estuda os instrumentos musicais do ponto de vista acústico, mecânico e histórico, abordando também a análise teórica das técnicas de execução (L. Henrique, 1988, p. 15).

Em 1914, os musicólogos Sachs e Hornsboestel, baseados nos princípios acústicos (no modo como os instrumentos produzem som), propuseram a classificação que se segue, interessante em razão de sua abrangência.

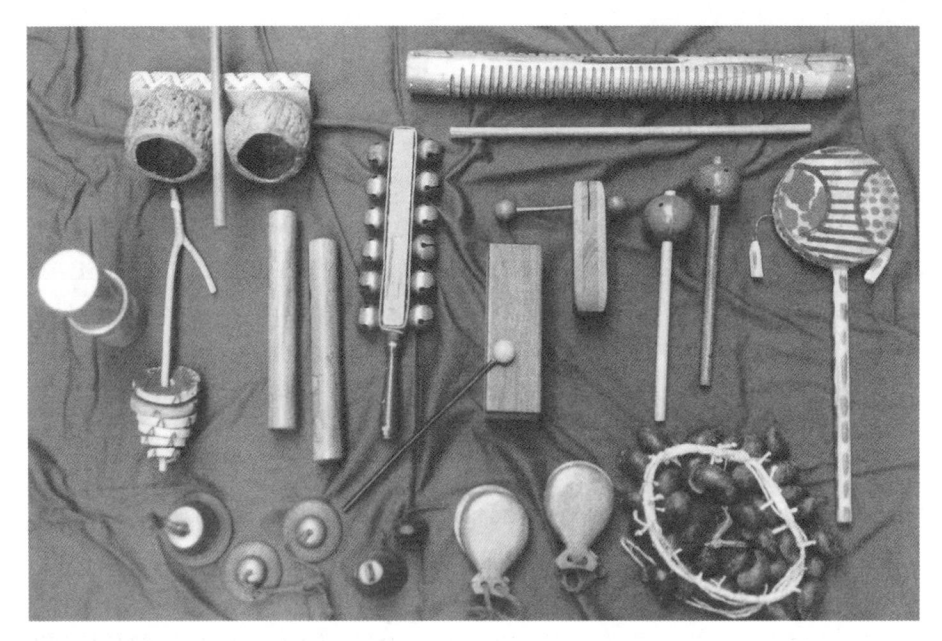

IDIOFONES
O som é produzido pelo próprio corpo do instrumento, feito de materiais elásticos, naturalmente sonoros. Exemplos: chocalho, reco-reco, clavas, triângulo, carrilhão, xilofone, sino etc.

MEMBRANOFONES
O som é produzido por uma membrana esticada sobre uma caixa que amplifica o som. Exemplos: todos os tipos de tambores.

Essa classificação permite incluir instrumentos musicais de qualquer época e cultura, produzidos com qualquer tipo de material, e também classificar os objetos e instrumentos criados pelas crianças com a utilização das mais diversas matérias-primas.

AEROFONES
O som é produzido pela vibração de uma massa de ar originada no (ou pelo) instrumento. Exemplos: flauta, clarinete, oboé, órgão de tubos, trompete, acordeon etc.

CORDOFONES
O som é produzido por uma ou várias cordas tensas, amplificadas por uma caixa de ressonância. Exemplos: violino, violão, harpa, cavaquinho etc.

PIANO
Cordofone acionado por teclado

ELETROFONES
É a categoria mais nova, adicionada pela chegada dos instrumentos elétricos e eletrônicos. Exemplos: teclado, sintetizador e guitarras elétricas.

Se você deseja distinguir o som específico de cada naipe da orquestra, procure ouvir a obra intitulada *Guia dos jovens para a orquestra*, do compositor inglês Benjamin Britten (1913-1976). A obra, composta com base num tema de outro compositor inglês, mais antigo, chamado Henry Purcell (1659-1695), começa expondo a melodia de Purcell de seis maneiras diferentes: por toda a orquestra; só pelo naipe das madeiras; pelo naipe dos metais; pelas cordas (incluindo a harpa); pela percussão, com os tímpanos tocando as três primeiras notas da melodia; por toda a orquestra, novamente.

Materiais musicais adequados ao trabalho na etapa da educação infantil

O trabalho na área de música pode (e deve) reunir grande variedade de fontes sonoras. Podem-se confeccionar objetos sonoros com as crianças, introduzir brinquedos sonoros populares, instrumentos étnicos, materiais aproveitados do cotidiano etc., com o cuidado de adequar materiais que disponham de boa qualidade sonora e não apresentem nenhum risco à segurança de bebês e crianças.

Devem-se valorizar os brinquedos populares, como a matraca, o rói-rói ou berra-boi, os piões sonoros, além dos tradicionais chocalhos de bebês, alguns dos quais com timbres muito especiais. Pios de pássaros, sinos de diferentes tamanhos, brinquedos que imitam sons de animais, entre outros, são materiais interessantes que também podem ser aproveitados na realização das atividades musicais.

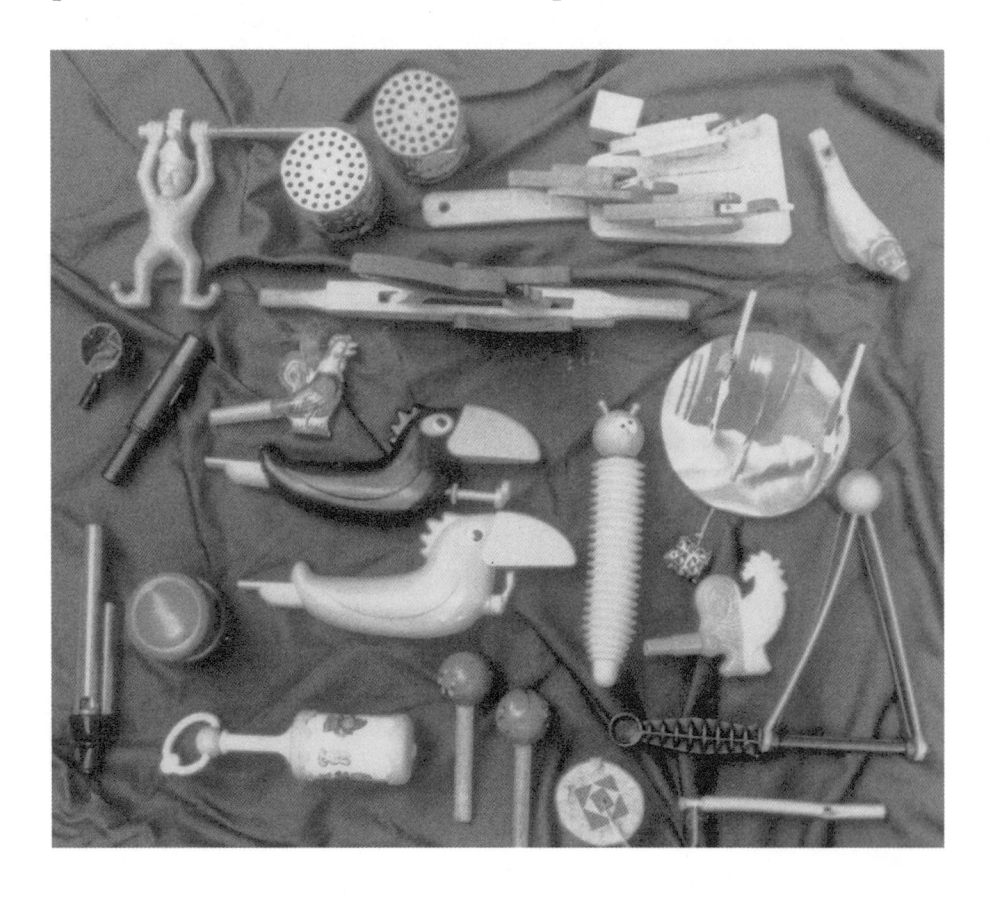

Os pequenos idiofones, por suas características, são os instrumentos mais adequados para o início das atividades musicais com crianças. Sacudir um chocalho, ganzá ou guizo, raspar um reco-reco, percutir um par de clavas, um triângulo ou coco são gestos motores que podem ser realizados desde cedo. É importante misturar instrumentos de madeira, metal ou outros materiais, explorando as diferenças entre os sons produzidos por eles, assim como os diversos modos de ação para tocar cada um: um par de clavas, por exemplo, permite percutir ou raspar uma na outra, percutir ou rolar no chão etc. Vale lembrar, mais uma vez, que o mais importante é permitir e estimular a pesquisa de possibilidades para produzir sons em vez de ensinar um único modo, em princípio correto, de tocar cada instrumento.

Os xilofones e metalofones[13] (lâminas de madeira ou metal dispostas sobre uma caixa de ressonância e percutidas com baquetas) são idiofones que têm altura determinada, ou seja, uma afinação, e são capazes de reproduzir as notas musicais (dó, ré, mi, fá, sol, lá, si), ao contrário dos idiofones anteriormente citados. São materiais mais indicados para o trabalho com as crianças da pré-escola, e a iniciação a eles deve se dar pela exploração dos gestos motores realizados para produzir diferentes sons: tocando um som de cada vez, dois sons simultâneos, realizando movimentos ascendentes (do grave para o agudo) ou descendentes (do agudo para o grave) etc. Com as crianças maiores (de cinco e seis anos), pode-se explorar a possibilidade de reproduzir e também criar pequenas melodias.

Os tambores (membranofones), que são instrumentos muito primitivos, dotados de função sagrada e ritual para muitos povos, exer-

Xilofones e metalofones

---
13. O compositor e educador musical alemão Carl Orff (1895-1982) adaptou xilofones e metalofones para a educação musical infantil, agregando-os a outros instrumentos componentes do Instrumental Orff.

cem enorme atração sobre as crianças. Existe uma grande variedade de tambores e instrumentos de peles, e podemos também construir muitos instrumentos desse tipo, como veremos a seguir.

Os aerofones são instrumentos cujo som é produzido por via aérea, ou seja, são os instrumentos de sopro. Os pios de pássaros, flautas de êmbolo, bem como alguns instrumentos de sopro simples confeccionados pelas crianças, podem introduzir esse grupo de instrumentos musicais. O mesmo fato pode ser observado no uso de cordofones: a construção de instrumentos elementares pode preparar as crianças para um contato posterior com os instrumentos de corda, o que não significa que elas não possam explorar modos de ação e produção de sons, caso seja possível contar com violões, cavaquinhos etc.

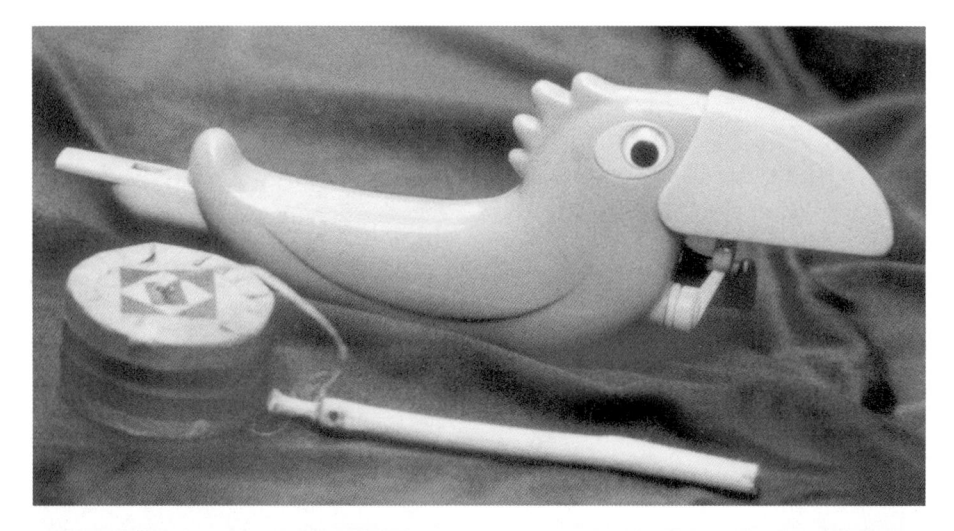

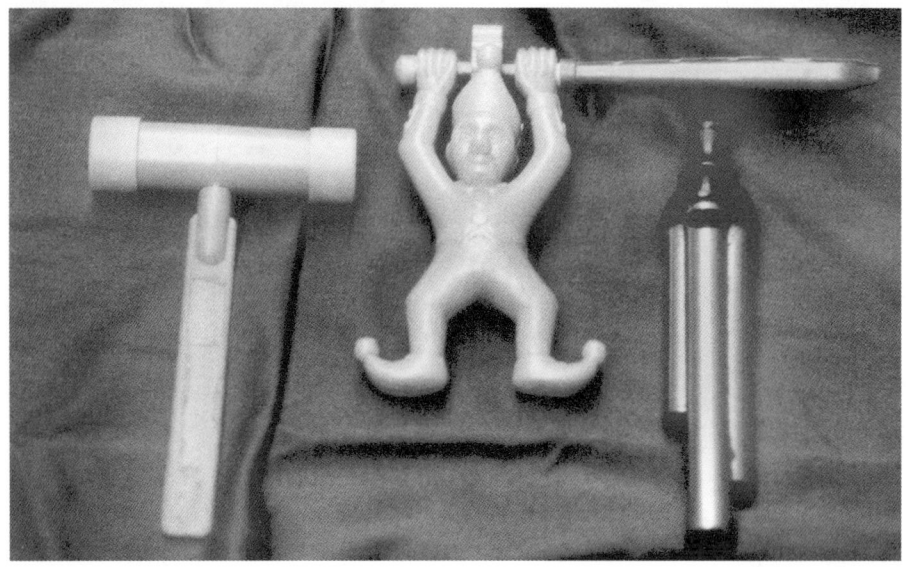

Com disposição, interesse, curiosidade e criatividade, educadores e crianças poderão montar um acervo de materiais sonoros, sempre em dinâmica transformação, que enriquecerá o trabalho, especialmente por não se limitar ao uso dos tradicionais instrumentos musicais da bandinha rítmica. Estes, infelizmente, se são criados em dimensões adequadas às crianças pequenas, descuidam-se, muitas vezes, da qualidade do som, aspecto de importância primordial. Em muitos casos (que podem incluir instrumentos-brinquedos industrializados e vendidos em grandes lojas), são quase imitações visuais dos instrumentos musicais, permitindo que a criança brinque de músico, como se o aspecto sonoro não tivesse nenhuma importância. Assim, um par de pratos confeccionados com certas tampas de latas pode soar mais – e melhor – do que o par de pratos de muitas bandinhas encontradas por aí!

COMO FAZER UM VIOLÃO

PEGE UM CACHA RETANGULAR

FASAU M KUA ONA CACHA BEM NO MEIO

DEPOIS GE UMA RELA E RE CORTE O

COLE A PONTA DA CACHA

PONHA UM FERO

E PONHA PREGOS

EM SIMA A MEZMA COISA

E PONHA ELASTICO

Construção de instrumentos musicais e objetos sonoros

A criação de instrumentos musicais – meios para a expressão sonora – seguiu uma trajetória coerente, adequada às necessidades e possibilidades de cada povo, em cada época e lugar. De tambores rudimentares a sofisticados aparelhos digitais, o caminho traçado pelos seres humanos aliou os elementos disponíveis – desde a natureza (cascos, peles, ossos e tripas de animais, troncos de árvores, bambus, pedras, metais etc.) até a tecnologia, acompanhando a transformação da percepção e da consciência do ser humano no espaço-tempo. Desse ponto de vista, a pesquisa sobre a evolução dos instrumentos musicais é muito rica e interessante.

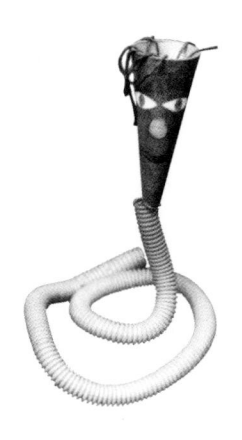

Construindo seus próprios instrumentos

E por que construir instrumentos musicais com as crianças?

Construir instrumentos musicais e/ou objetos sonoros é atividade que desperta a curiosidade e o interesse das crianças. Além de contribuir para o entendimento de questões elementares referentes à produção do som e às suas qualidades, à acústica, ao mecanismo e ao funcionamento dos instrumentos musicais, a construção de instrumentos estimula a pesquisa, a imaginação, o planejamento, a organização, a criatividade, sendo, por isso, ótimo meio para desenvolver a capacidade de elaborar e executar projetos. É importante sugerir ideias, apresentar modelos já prontos e também estimular a criação de novos instrumentos musicais.

As crianças se relacionam de modo mais íntimo e integrado com a música quando também produzem os objetos sonoros que utilizam para fazer música, o que não significa que essas peças devam substituir o contato com instrumentos convencionais, industrializados ou confeccionados artesanalmente. Além do mais, numa época em que o fazer torna-se atividade distante das crianças, que normalmente encontram prontos os produtos que utilizam em seu dia a dia, sejam brinquedos, instrumentos musicais ou aparelhos eletrodomésticos, a possibilidade de confeccionar instrumentos artesanalmente assume especial importância. É muito útil construir decifrando "mistérios", dominando técnicas, aprendendo a planejar e executar, desenvolvendo e reconhecendo capacidades de criar, reproduzir, produzir.

O material

Para construir instrumentos é preciso, antes de tudo, selecionar e organizar o material que será utilizado: sucatas e materiais recicláveis, latas, caixas de papelão, potes de plástico, embalagens, tubos de papelão, de PVC e de conduíte etc. Também é importante contar com grãos, sementes, cabaças, conchas, pedrinhas, rolhas, elásticos, fios de náilon, bexigas, fita crepe, tesoura, cola, alfinetes, pregos, parafusos, serras, martelos, alicates, chaves de fenda... além de tintas, barbantes, durex coloridos e outros materiais, destinados ao acabamento e à decoração dos objetos criados.

O educador ou educadora saberá melhor do que ninguém indicar os materiais mais adequados a cada faixa etária. As crianças podem contribuir, levando sucatas e materiais recicláveis para a escola, que deverão ser classificados e organizados; a oficina de construção de instrumentos deve ser um espaço lúdico, de pesquisa e criação.

Conexão com a cultura

A atividade de construção de instrumentos será mais rica e significativa se estabelecer relações com a história dos instrumentos musicais e seu papel no decorrer do tempo, nas diferentes culturas. Para tanto, é importante mostrar livros sobre o tema, instrumentos étnicos, regionais, escutar gravações diversas e, se possível, entrar em contato com instrumentistas, com artesãos e luthiers da comunidade.

Ao construir instrumentos musicais, as crianças refazem, à sua maneira, o caminho traçado por nós, seres humanos, na busca de meios para o exercício da expressão musical, ao mesmo tempo que transcendem esse caminho por meio da invenção de novas possibilidades.

Diálogo com outros conteúdos

Além dos conteúdos situados no domínio específico da linguagem musical, a atividade de construção de instrumentos dialoga com outros eixos de trabalho: a reciclagem de materiais, por exemplo, remete a conteúdos ligados à educação ambiental, às relações entre natureza e sociedade, eixo presente no *Referencial curricular nacional para a educação infantil*. Da mesma forma, refletindo sobre a transformação de materiais, sobre a evolução dos instrumentos musicais no tempo, sobre a coexistência de possibilidades diversas (instrumentos típicos de cada povo, cada lugar, cada época.) que visam a um mesmo fim, ou seja, fazer música, refletimos também sobre a pluralidade cultural existente, desenvolvendo nas crianças atitudes de respeito e reconhecimento em relação à diversidade.

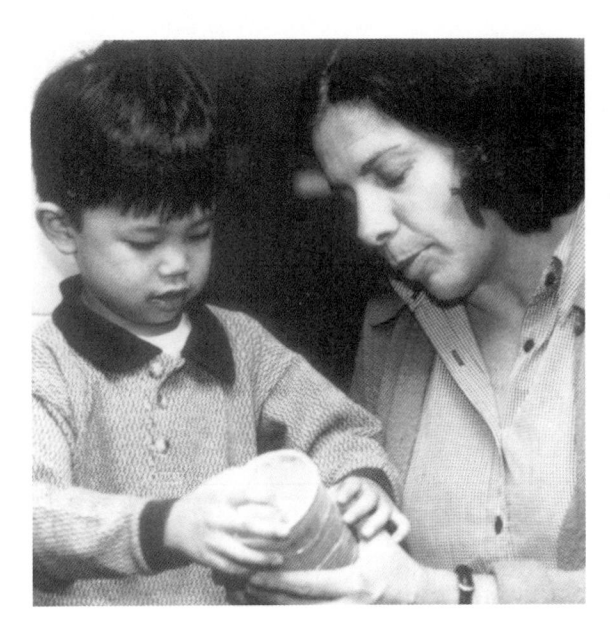

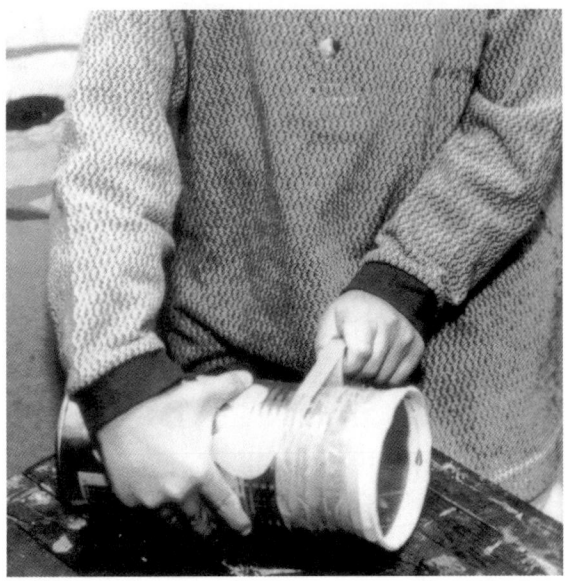

Que materiais sonoros podemos construir com as crianças pré-escolares?

À exceção dos eletrofones, podemos construir instrumentos de todos os grupos.

As crianças devem ser estimuladas a pesquisar materiais e objetos que produzam sons interessantes, pois, antes de construírem instrumentos musicais, elas os descobrem em materiais que se transformam a um simples toque:

"Sabia que eu descobri um instrumento? Sabe onde? No cestinho de lixo da minha casa. Eu bati nele – tum, tum, tum –, e ele virou um tambor!"

Assim Natália, de quatro anos, descreveu sua descoberta, dias depois de realizarmos um passeio pela escola coletando sons vindos das mais variadas fontes: cadeiras, mesas, paredes, vidros das janelas, cestos, portas, livros, pedras, brinquedos etc. Já André tinha quase quatro anos quando exclamou:

"Olha só, Teca, eu descobri um reco-reco!"

Seu reco-reco se "escondia" num pedaço de papelão ondulado que ele havia encontrado em nossa oficina de construção de instrumentos. Como André já conhecia o reco-reco de bambu, transferiu a experiência para o papelão e percebeu que o gesto de raspar era o mesmo e que o efeito sonoro produzido era, ao menos, parecido.

Materiais bem simples podem ser transformados em instrumentos musicais por crianças de três e quatro anos. No caso do reco-reco de André, decidimos colar o pedaço do papelão ondulado sobre um retalho de madeira, utilizando, para raspá-lo, um palito de sorvete. André pintou seu reco-reco e com ele sonorizou o movimento de um trem.

Outros reco-recos podem ser "achados prontos" nas garrafinhas de água de PVC, em algumas latas e em muitos outros objetos encontrados no dia a dia. Basta adicionar a baqueta, decorar e tocar!

Tambores simples, feitos de caixas de papelão firmes ou de latas, também são instrumentos que já vêm prontos. Podemos montar uma bateria de latas, por exemplo, se pesquisarmos e juntarmos latas de tamanhos diferentes, que poderão ser presas umas às outras (com fita crepe ou barbante), ou afixadas a uma base (que pode ser uma bandeja de ovo ou de frios, um retalho de madeira, uma caixa de papelão etc.) com fita crepe, cola quente, ou, ainda – no caso das caixas –, encaixadas num corte de diâmetro correspondente a cada lata. A mesma ideia pode ser aplicada para montar um conjunto de tampas de plástico de diferentes tamanhos.

Como baquetas, podemos usar palitos de churrasco, de sorvete, palitos chineses ou similares, com um pedaço de rolha preso na ponta, ou com uma semente de mucunã, uma bolinha de madeira, que pode ou não ser revestida de fios de lã, borracha (de pneu), além de muitos outros materiais. É preciso experimentar – tocar, ouvir – e decidir que material se ajusta melhor para funcionar como baqueta de cada instrumento específico.

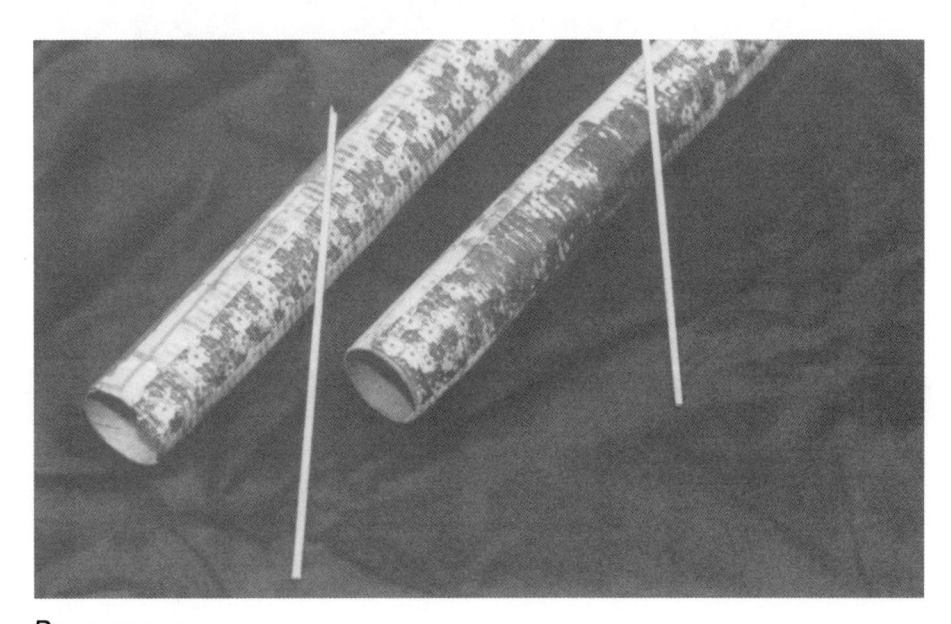

Reco-recos

No caso das baterias de latas, as crianças devem ser orientadas para escolher aquelas que formem uma série interessante de sons, explorando contrastes, tais como: uma lata com som mais grave, outra com som agudo, uma que vibre mais, produzindo um timbre mais metálico, outra com timbre mais abafado etc. Essa etapa de pesquisa e seleção dos materiais é ótima oportunidade para o exercício auditivo das diferentes qualidades dos sons e também para inserir a necessária reflexão sobre essas questões. Construir instrumentos, dessa forma, torna-se mais do que uma atividade de confecção, pois abrange aspectos relacionados à música em suas dimensões de prática, apreciação e reflexão.

Pintar ou decorar os instrumentos também é uma parte importante da atividade. Personalizando os materiais criados, as crianças sentem-se ainda mais motivadas para fazer música com eles – autoras de todo o processo de construção.

Muitos outros instrumentos poderão ser descobertos se as crianças tiverem a chance de contar com materiais variados e também com a orientação e o estímulo do educador ou da educadora. Podemos, por exemplo, dar dois copinhos de iogurte para cada criança e, depois de sugerir um modo de tocar (batendo um no outro, por exemplo), solicitar que elas proponham outros modos de ação, exercício que incorporará às experiências já adquiridas a descoberta de novas possibilidades para a produção de sons. A mesma proposta pode ser aplicada

Baterias de latas

para a pesquisa de gestos sonoros em materiais diversos, incluindo a exploração do ambiente sonoro da sala em que trabalham, do pátio, de outros ambientes da escola etc. As crianças poderão também ter como tarefa levar algum "instrumento musical" encontrado em sua casa, atividade que poderá contar com a colaboração dos pais.

As dúvidas, comentários e descobertas que as diferentes vivências provocam permitem que as crianças criem hipóteses, discutam, tirem conclusões etc., como ilustram os exemplos a seguir:

"Sempre tem que ter um cavalete?", perguntou Pedro.

"O som do meu chocalho ficou mais agudo que o dele. Acho que é porque tem menos arroz, não é?", questionou Mariana.

"Não adianta fazer um instrumento de cordas sem a caixa de ressonância", disse João Vítor.

Num ambiente de permanente interação, de troca de informações, as crianças não só constroem instrumentos como também ampliam conhecimentos que transcendem a linguagem musical, integrando diversas áreas. Tudo isso justifica a importância desse trabalho, que não deve, de maneira alguma, ser encarado apenas como alternativa à carência de instrumentos musicais na escola. Mesmo naqueles contextos em que é possível contar com materiais prontos, de boa qualidade, que obviamente não devem ser descartados, convém incluir a atividade de construção de instrumentos, por todos os motivos já apresentados neste contexto.

Violões

Para construir

Os exemplos descritos a seguir são apenas algumas sugestões entre as muitas possibilidades de realização. É importante não se limitar a elas, mas abrir espaço para a pesquisa e a criação, conforme já foi indicado.

CHOCALHOS (OU GANZÁS)

O grupo dos idiofones apresenta grande variedade de instrumentos musicais, alguns dos quais estão entre os mais simples de construir e de tocar.

Os chocalhos são, praticamente, os primeiros instrumentos confeccionados pelas crianças, pois não apresentam dificuldades técnicas em sua elaboração. Sua confecção pode promover um trabalho de percepção e consciência com relação ao parâmetro timbre: por que um chocalho que tem grãos de arroz soa de modo diverso daquele que tem feijão em seu interior? E o que muda se colocamos muito arroz ou pouco arroz? Que outros materiais podem ser usados?

Podemos construir chocalhos usando potes de plástico, latas (de refrigerante, de leite condensado, de achocolatado, de óleo...), caixas de papelão ou de madeira, garrafas de plástico, frascos variados; enfim, qualquer objeto em que se possam colocar materiais e que não represente perigo para as crianças. Arroz, feijão, milho, pedrinhas, areia, moedas, conchinhas, sementinhas, botões etc. podem servir para produzir diferentes timbres de chocalhos.

As crianças de três e quatro anos precisam de ajuda para fechar o chocalho. Para fazer um ganzá com duas latas de leite condensado, é preciso usar fita crepe, bem fixada, na união das duas latas, o que as crianças de cinco e seis anos já podem fazer com maior independência, mas com uma boa supervisão.

Se o grupo todo construiu chocalhos, é interessante ouvir o timbre de cada um deles para fazer comparações (conforme as

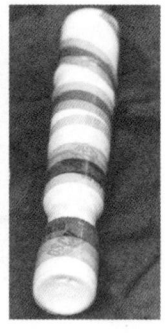

Ganzás (ou chocalhos)

orientações acima). Com os instrumentos criados, pode-se acompanhar uma canção, criar um jogo de improvisação ou uma composição.

MARACAS

As maracas, instrumentos bastante presentes na América Latina, são tocadas geralmente aos pares. Diferem do chocalho simples porque têm um cabo. As maracas mais simples, as minimaracas, podem ser feitas de embalagens de filmes fotográficos, em cujo interior colocamos grãos quaisquer. Para fazer o cabo, fura-se a tampinha com uma tesoura ou estilete (tarefa que fica a cargo de adultos), onde, como sugestão, pode-se introduzir um palito chinês.

Maracas maiores podem ser confeccionadas com potes diversos, seguindo sempre o mesmo princípio, com a necessária adequação dos materiais.

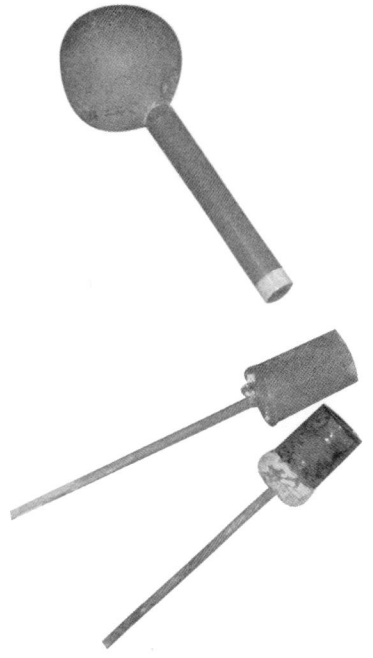

Maracas

PAUS-DE-CHUVA

Os paus-de-chuva são idiofones presentes na música indígena do Brasil e de muitos povos da América. Os índios brasileiros confeccionam paus de chuva com um tubo de madeira (imbaúba), mas as crianças podem fazê-los usando tubos de papelão.

Escolha um tubo de papelão de comprimento variado (a partir de 50 cm). Pregue alfinetes de cabeça (nº 32) ou preguinhos finos em lugares alternados ao longo do tubo. Feche um lado do tubo com um pedaço de papelão, um pote de plástico, uma tampa ou qualquer outro material, prendendo-o firmemente com fita crepe.

Ponha dentro do tubo arroz, milho, lentilha, conchinhas picadas, pedrinhas etc. Cada material produz um timbre diferente.

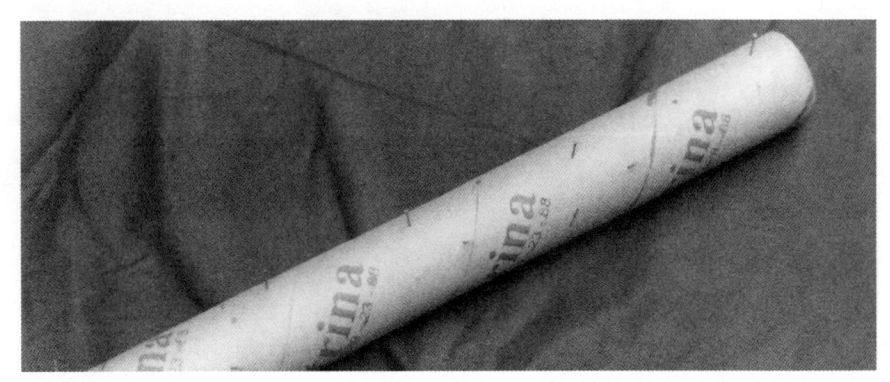

Pau de chuva

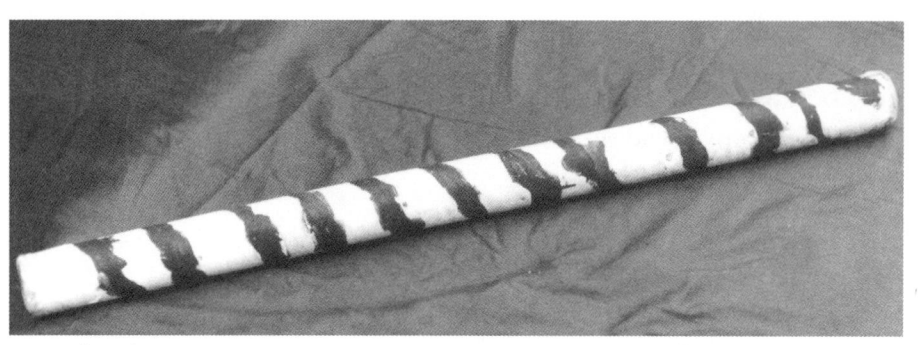

Pau de chuva

Os paus de chuva feitos com arroz, por exemplo, produzem um som mais suave do que aqueles confeccionados com feijão. É preciso experimentar e escolher. A quantidade do material colocado no interior do tubo também define a qualidade sonora.

O pau de chuva pode ser decorado com lãs ou barbantes, tinta, durex colorido etc.

O pau de chuva pode ser feito por crianças de cinco e seis anos desde que acompanhadas de adultos, já que a confecção desse instrumento exige o uso de martelo (na falta de tubos de papelão, junte vários tubinhos de papel-toalha com fita crepe e, nesse caso, pode-se furar o tubo com o próprio alfinete ou preguinho, pois esse material é mais mole). Aliás, o uso de prego e martelo é muito estimulante para as crianças, que, se forem bem orientadas, poderão trabalhar sem problemas!

E numa outra alternativa podem-se substituir os alfinetes ou pregos por arame, que deve ser introduzido no tubo de papelão, ou de PVC, de forma que fique emaranhado, para que os grãos se choquem com ele de modo irregular, produzindo efeito semelhante ao que ocorre no modelo descrito anteriormente.

MÓBILES SONOROS

Podem ser construídos com muitos materiais: chaves, argolas, copos e tampas de plástico, conchas, embalagens de filmes etc. Pendure os materiais, amarrando-os com barbante ou fio de náilon, num cabide, chapéu de palha ou peneira. Quando agitado, cada móbile produz um timbre especial.

Móbiles sonoros

TAMBOR DE BEXIGA (OU BALÃO)

O tambor de bexiga é um membranofone que produz timbres interessantes e pode ser feito com uma lata de leite condensado e uma bexiga de boa qualidade, que não se rasga facilmente.

Corte a bexiga cerca de 5 cm abaixo da boca para facilitar sua colocação na lata. A bexiga deve ficar bem esticada; para isso, prenda-a bem nas bordas com elástico, barbante ou fita crepe.

Antes de prendê-la, experimente tocar para ouvir como está o som. Você pode montar uma série de tambores de bexiga, cada um com uma altura diferente do outro, do mais grave ao mais agudo.

Para tocá-los podem ser usadas baquetas com bolinhas de sementes ou madeira; além disso, pode-se beliscar a bexiga, raspar os dedos sobre ela, enfim, recomenda-se explorar o maior número possível de timbres variando os gestos e o modo de produção do som.

Também é possível fazer tambores de bexiga com latas maiores (que devem ser firmes) e bexigas grandes. Nesse caso, convém cortar a bexiga ao meio para prendê-la na lata. Tubos de papelão, de diâmetros diversos, assim como de PVC, pedaços de bambu etc., também podem ser empregados na confecção de tambores.

Tambores de bexiga e tecido (ou balão)

TAMBORES DE PAPÉIS OU TECIDOS

Um pedaço de papel kraft pode fazer as vezes de pele de um tambor. Corte um pedaço de papel com um diâmetro 5 cm maior do que o necessário para cobrir a lata ou o pote escolhido. Coloque o papel de modo que fique bem esticado e prenda-o com elástico, barbante ou cola. Passe cola branca sobre o papel que vai ser tocado, tendo o cuidado de espalhar bem. Depois de seco, o papel funciona como a pele do tambor.

O mesmo procedimento pode ser usado para confeccionar tambores com retalhos de tecidos.

A decoração dos tambores fica a critério de cada um.

CORDOFONES

Construir instrumentos de corda costuma ser mais trabalhoso, mas há algumas opções adequadas ao trabalho com as crianças pré-escolares. O mais simples a fazer é esticar alguns elásticos (do tipo que é usado para prender dinheiro) ao redor de uma caixa de madeira ou de papelão firme. Uma caixa de sapatos sem a tampa, por exemplo, pode servir muito bem para a criação de uma espécie de harpa, conforme as indicações que serão dadas mais adiante.

O importante no caso é perceber a função da caixa, que amplifica o som, e que a tensão do elástico (mais ou menos esticado), determina a altura do som produzido (mais agudo ou mais grave).

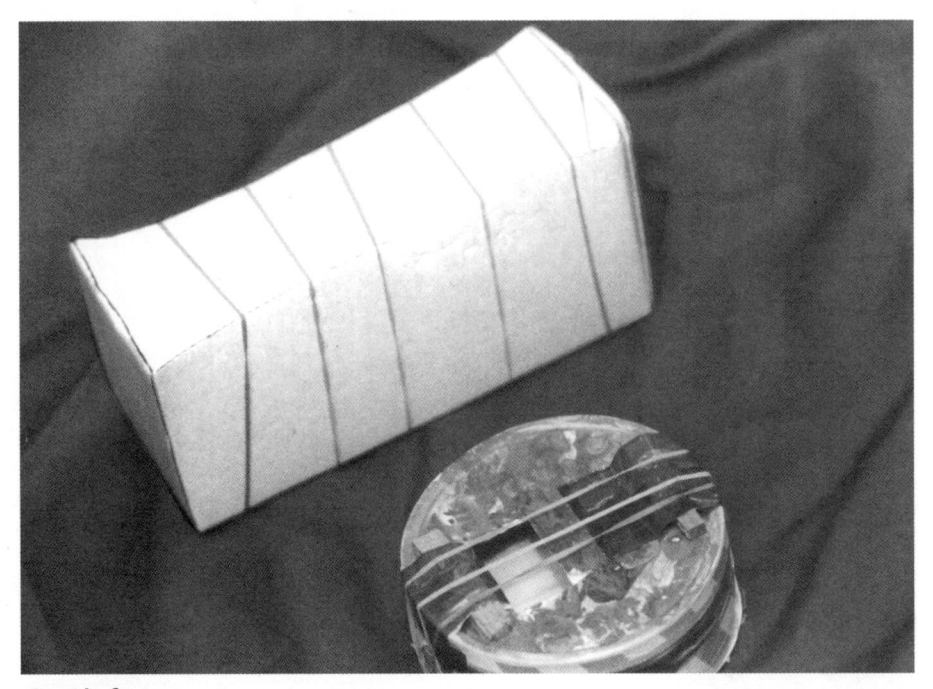

Cordofones

Usando uma caixa com tampa será possível incluir outro aspecto importante: o cavalete. Sua função, nos instrumentos de corda, é afastar as cordas do contato direto com a caixa de ressonância, deixando que vibrem produzindo um tom (som que tem uma afinação). Experimente, então, colocar as cordas (no caso, os elásticos) em volta da caixa sem um cavalete e toque. Ouviu? O instrumento produziu ruídos (sons que não têm uma altura definida). Use agora algo que você possa colocar sobre a caixa para que os elásticos não batam na superfície quando você tocar neles. O cavalete pode ser uma rolha, um lápis, um carretel de linha vazio, um pedacinho de madeira e muitas outras coisas que você poderá pesquisar junto com as crianças. Toque novamente e note a diferença.

GUITARRAS

Para construir guitarras com as crianças, providencie um retalho de madeira de aproximadamente 60 cm de comprimento por 10 cm de largura, que será o braço do instrumento. O corpo da guitarra poderá ser feito de papelão, recortado no formato desejado e preso no braço de madeira com tachinhas ou cola branca. Uma guitarra tem seis cordas, mas podemos adaptá-la e fazer com o número de cordas que for possível ou, ainda, de acordo com a decisão das crianças. Para pregar as cordas, que deverão ser de fio de náilon, use pregos pequenos na parte inferior do braço e "pitons" (parafusos) na parte superior. Amarre as cordas nos pregos e prenda-as nos parafusos superiores. Enroscando o piton, você afina as cordas: quanto mais apertadas e, consequentemente, mais tensas as cordas estiverem, mais agudo ficará o som, e vice-versa.

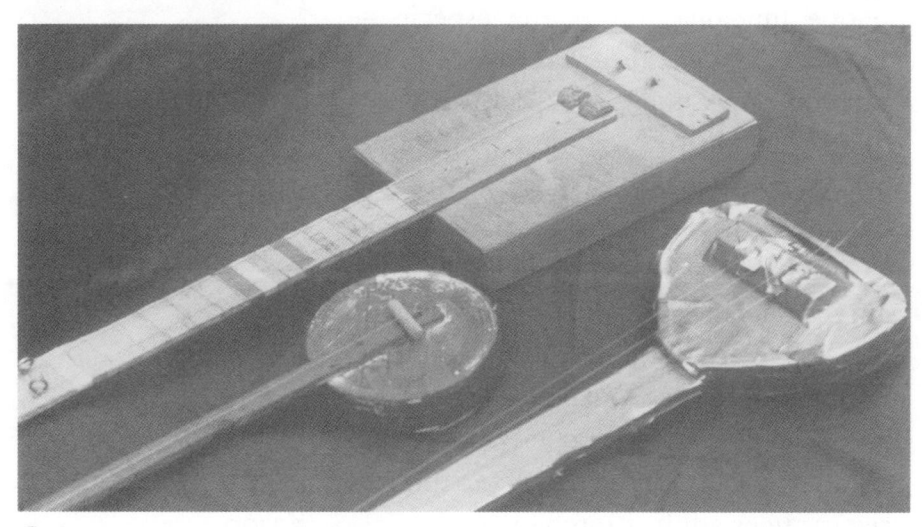

Guitarras

Harpa de ouvido

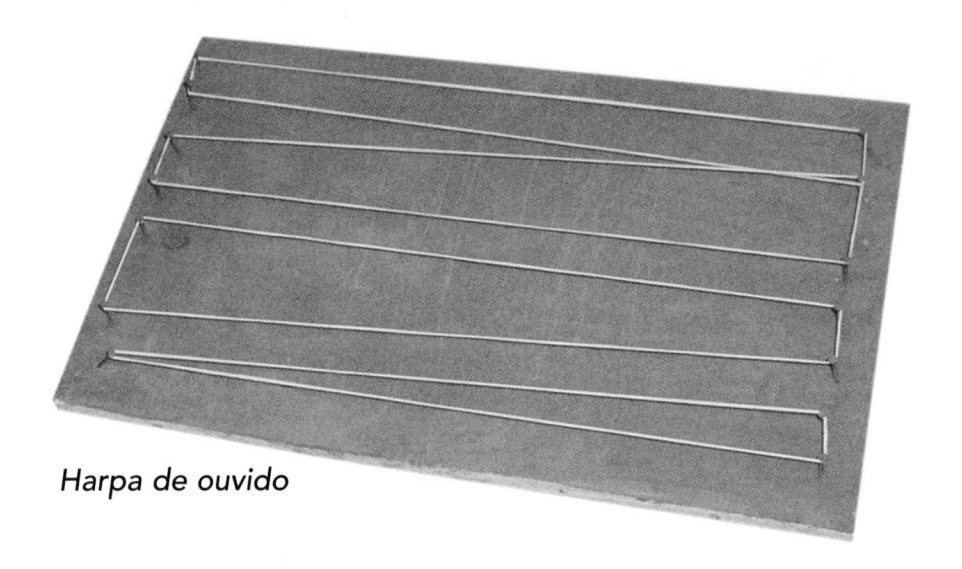

HARPA DE OUVIDO

Outro instrumento de cordas interessante é a harpa de ouvido: providencie um retalho de madeira (você pode definir a medida, mas dá para construir uma com pedaços de 15 ou 20 cm de comprimento, quadradas ou retangulares, à vontade). Crave pregos dos dois lados e prenda elásticos, que devem ficar bem esticados. Você perceberá que o instrumento soa pouco, pois ele não tem caixa de ressonância, mas, se você o colocar junto ao ouvido, vai ouvir os sons amplificados. É uma experiência interessante, que mostra a importância da caixa de ressonância (função que, neste caso, cabe ao nosso ouvido e ao rosto).

KAZOO

É um instrumento musical muito divertido que funciona como uma espécie de máscara para a voz. É um misto de membranofone e aerofone, que pode ser construído com um tubinho de papelão (rolo vazio de papel-toalha ou de papel higiênico) e um pedaço de papel celofane.

Cubra uma das extremidades do tubo com o celofane, colando ou prendendo com fita crepe. Agora cante com "tu" alguma canção conhecida ou improvisada. Percebeu? O ar faz vibrar o papel celofane, alterando o timbre e divertindo as crianças (e os adultos também!).

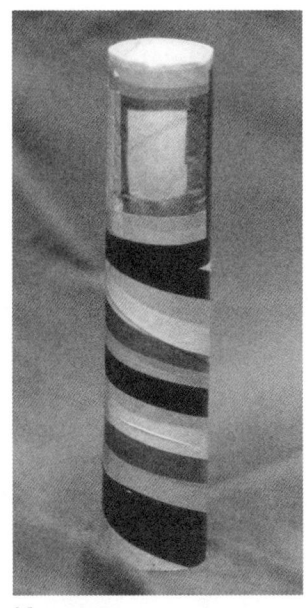

Kazoo

TROMPA DE CONDUÍTE

Conduíte é aquele tubo usado em construções que serve para proteger e conduzir fios de eletricidade. Se dispusermos de um pedaço de tubo de mais ou menos um metro podemos experimentar girá-lo no ar e ouvir o que acontece: o tubo "canta" e modifica os sons, dependendo da velocidade com que o giramos, produzindo sons harmônicos.

Podemos usar o mesmo tubo para fazer uma trompa: enrole um pedaço do tubo em forma de trompa, prendendo com fita crepe. Você pode colocar um cone de linha numa das pontas para fazer papel de campana. Sopre e ouça os sons produzidos, experimentando inspirar e expirar no tubo.

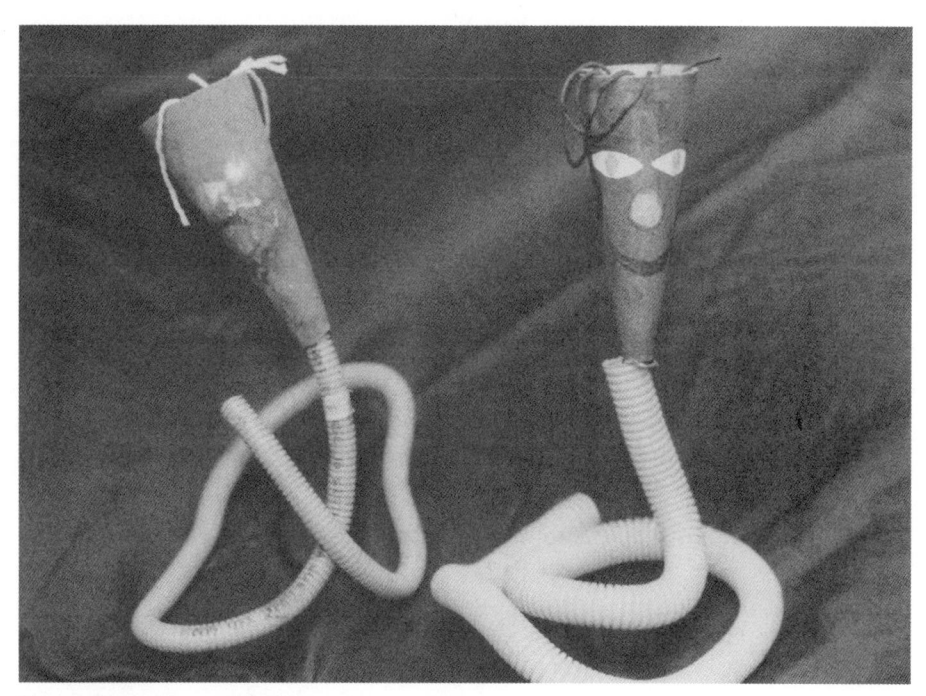

Trompas de conduíte

USE A CRIATIVIDADE

- É claro que existem muitas outras alternativas e ideias para construir instrumentos. Decidimos, porém, priorizar, nesse contexto, a apresentação de exemplos que consideramos básicos e adequados ao trabalho com crianças em idade pré-escolar.

- A observação dos instrumentos existentes, de um lado, e dos materiais e sucatas acessíveis, de outro, pode sem dúvida estimular a produção e até a invenção de muitos outros materiais sonoros. Judith Akoschky, educadora musical argentina, chama de "cotidiáfonos" os muitos instrumentos musicais e objetos sonoros construídos com materiais do cotidiano, que não cessam de serem descobertos, dos quais ela reuniu vários num livro muito interessante (*ver indicação bibliográfica*).

- As crianças devem ser estimuladas a batizar os instrumentos que acaso inventem. O trabalho de construção de instrumentos deve incluir a reprodução de modelos já existentes, mas, também, a criação de novas possibilidades: instrumentos inusitados, esculturas e objetos sonoros não convencionais.

- Ao final de um processo de confecção, é interessante reunir todos os instrumentos para ouvir cada um, pesquisar os gestos e modos de ação para produzir sons diversos e analisar as características de cada material: quais os que podem produzir sons curtos ou longos (quando o grupo construiu diferentes materiais), se podem variar a intensidade (a força do som), se são graves, agudos, se podem ser afinados, se produzem apenas ruídos etc.

- Tão importante quanto construir instrumentos é poder fazer música com eles. Com os instrumentos construídos, é possível realizar jogos de improvisação, arranjos para canções conhecidas, sonorização de histórias etc. Assim como Gepeto, fazendo música, damos "vida" aos instrumentos criados, conferindo sentido e significado a todo esse processo que transforma materiais variados em meios para a expressão musical.

Para pesquisar

ABADI, S.; KOTIN, C.; ZIELONKA, L. *Música, maestro!* Buenos Aires: Editorial Humanistas, 1992.

AKOSCHKY, J. *Cotidiáfonos.* Buenos Aires: Ricordi, 1996.

—. *A música dos instrumentos.* (As origens do saber) São Paulo: Melhoramentos, 1994.

BENNETT, R. *Instrumentos de teclado.* Trad. M.Teresa R. Costa. Rio de Janeiro: Jorge Zahar, 1989.

—. *Instrumentos da orquestra.* Trad. Luiz Carlos Csëko. Rio de Janeiro: Jorge Zahar, 1985.

BENSAYA, P. *Instrumentos de papel.* Buenos Aires: Ricordi, 1986.

DREW, H. *O meu primeiro livro de música.* Trad. Lucinda Maria dos Santos Silva. Porto: Livraria Civilização Editora, s. d.

HENRIQUE, L. *Instrumentos musicais.* Lisboa: Fundação Calouste Gulbenkian, 1988.

MCLEAN, M. *Construyendo instrumentos musicales.* Trad. Juan Godo Costa, Barcelona: Marcombo, 1984.

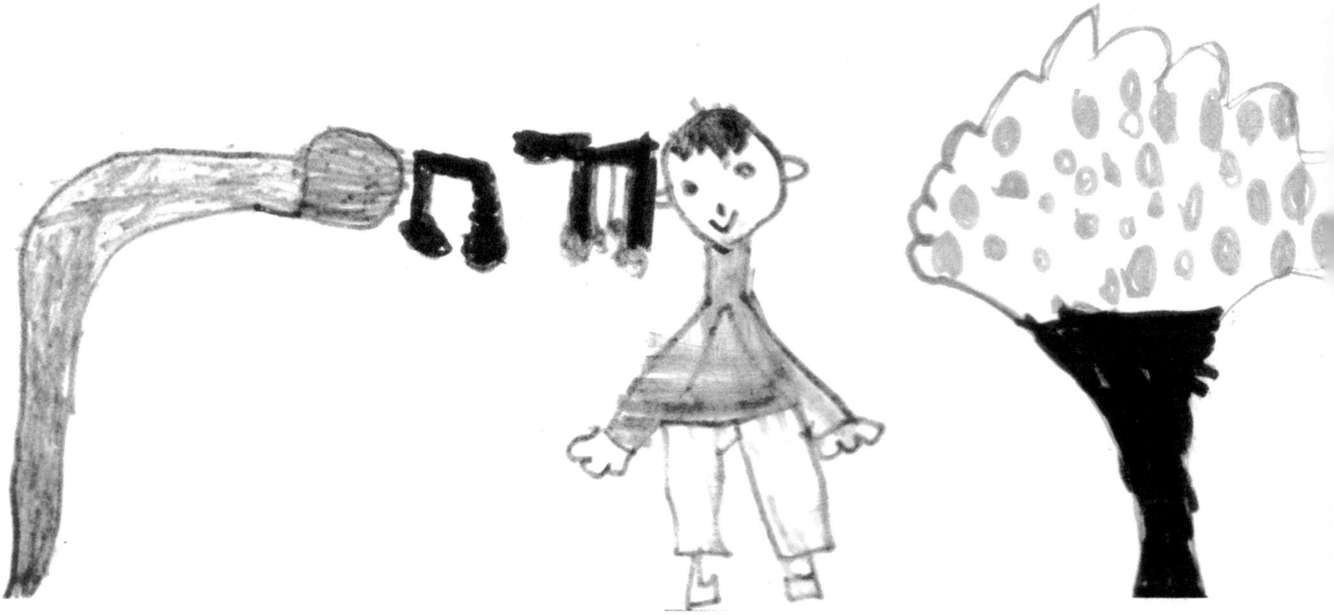

Trabalhando com a voz

> *Assim como o arquiteto utiliza-se do corpo humano para conceber as escalas de suas estruturas de vida cotidiana, a voz humana, em conexão com o ouvido, deve fornecer os referenciais para as discussões sobre o ambiente acústico saudável à vida.*
> (R. Murray Schafer, 1991, p. 207)

É lugar-comum dizer que a voz é o nosso primeiro instrumento! Instrumento natural que é meio de expressão e comunicação desde o nascimento. O bebê chora para comunicar desconforto, fome ou necessidade de ser levado ao colo, de ser acarinhado, ninado. Está atento para ouvir os sons vocais ao redor e responder a eles, à voz da mãe, do pai ou de qualquer adulto responsável por seus cuidados. O contato que o bebê estabelece com os adultos e a possibilidade de imitar, inventar sons vocais e responder a eles são muito importantes para o seu desenvolvimento afetivo, cognitivo e, obviamente, musical.

Muitos pesquisadores que se dedicam ao estudo das potencialidades vocais dos bebês mostram que eles são capazes de reproduzir os sons vocais que ouvem. O educador e pesquisador espanhol Pep Alsina afirma que:

> *"O bebê não somente tem a capacidade de perceber sons (musicais, da fala, ambientais etc.) como também se expressa em todas as situações, organizando, pouco a pouco, o mundo sonoro que percebe e formando uma ordem própria, que lhe permitirá comunicar-se, com a voz ou batendo com qualquer objeto ou sobre qualquer objeto. Com a idade de aproximadamente um mês e meio, o bebê já emite sons de diferentes alturas (mais graves ou agudos), os quais, ainda que não formem melodias, permitem que ele chame a atenção à sua volta."*
> (P. Alsina, 1997, p. 36)

Alsina diz também que, ainda que o bebê já cantarole algumas linhas melódicas antes dos seis meses, é a partir daí que ele começará a balbuciar os sons que irá ordenar e classificar: é nesse momento que se produzem as primeiras comunicações verbais entre o pai, a mãe e o filho. Essa comunicação pela fala vai se concretizando paulatinamente com a habilidade de emitir vogais (perto dos nove meses) e consoantes (perto dos doze meses). Até os dois anos, o desenvolvimento musical é muito intenso, e sem dúvida a voz (integrada ao movimento) é um elemento de grande importância nesse contexto.

Descobrindo a voz

Como podemos, então, desenvolver um trabalho vocal com bebês e crianças?

Além de cantar, devemos brincar com a voz, explorando possibilidades sonoras diversas: imitar vozes de animais, ruídos, o som das vogais e das consoantes (com a preocupação de enfatizar a formação labial), entoar movimentos sonoros (do grave para o agudo e vice-versa), pequenos desenhos melódicos etc.

Utilizando apenas sons vocais, é possível sonorizar histórias, contos de fadas, livros com imagens de paisagens sonoras diversas e desenhos de animais. Também podemos inventar, junto com as crianças, composições que utilizem diferentes sons vocais, sonorizar vocalmente diferentes formas gráficas etc.

É importante que o trabalho vocal ocorra num ambiente motivador e descontraído, livre de tensões exageradas, que podem comprometer a qualidade da voz infantil. O educador deve considerar que, ao falar e cantar com as crianças, atuará como modelo e um dos responsáveis por seu desenvolvimento vocal; assim, deve formar bons hábitos, tais como não gritar, não forçar a voz, inteirar-se da região (tessitura) mais adequada para que as crianças cantem, respirar tranquilamente, manter-se relaxado e com boa postura.

O educador deve observar se entre seus alunos existem crianças que permanentemente têm voz rouca, que insistem em falar gritando ou fazendo força excessiva, e, se for o caso, deve encaminhá-las aos especialistas competentes.

Frances Aronoff, em seu livro *A música e a criança*, sugere:

Com a "voz" alguém pode cantar um som
grave
agudo
médio.

Pode ser
forte
fraco
intermediário.

Um som vocal pode ser
curto
durar muito tempo
seguir soando
com a mesma força
com a mesma suavidade
tornar-se cada vez mais forte
ou mais fraco
pouco a pouco
repentinamente
sumindo...

Sua voz pode movimentar-se
(como se estivesse subindo ou descendo)
para formar desenhos melódicos
passo a passo
deslizando.

Sua voz pode cantar palavras como "hum..."
"trá-lá-lá" para parecer alegre
"u-u-u" para parecer triste e solitária
Sua voz pode assobiar...

Sua voz forma os sons com o ar que respira
e com alguns músculos especiais de sua garganta.
Todo mundo tem uma voz.
Cada pessoa "soa" diferente das demais pessoas.
Aonde quer que você vá, sua voz o acompanha.

BRINCANDO COM A VOZ

- Experimente brincar pesquisando possibilidades de realização vocal. Você pode começar pondo em prática as sugestões acima, mas deve pesquisar também seus próprios recursos vocais.

- Produza tons (sons que têm afinação) e também ruídos diversos: procure descobrir quantas espécies de estalos vocais você pode produzir e estimule as crianças a fazer isso também.

- O trotar de cavalos, as vozes dos animais, os sons da natureza, sibilar, assobiar de diversas maneiras etc. são sempre ótimos exercícios vocais, que ficarão ainda mais interessantes se inseridos em contextos expressivos, conforme já apontamos (uma canção incluindo ruídos, uma história, um diálogo entre seres de outro planeta que falam uma língua estranha ou então que falam apenas vogais, apenas consoantes, apenas sons agudos, graves etc.).

- Trabalhar com poesias também é uma ótima maneira de conscientizar as potencialidades vocais, além de unir música e literatura. Interpretar uma poesia valorizando seu material fonético, bem como o seu conteúdo expressivo, gera resultados interessantes que promovem o crescimento das crianças. Também é possível sonorizá-las, transformando-as em melodias, usando instrumentos musicais para acompanhá-las etc.

- Sempre conscientizar a importância da saúde vocal, como enfatizamos.

A canção

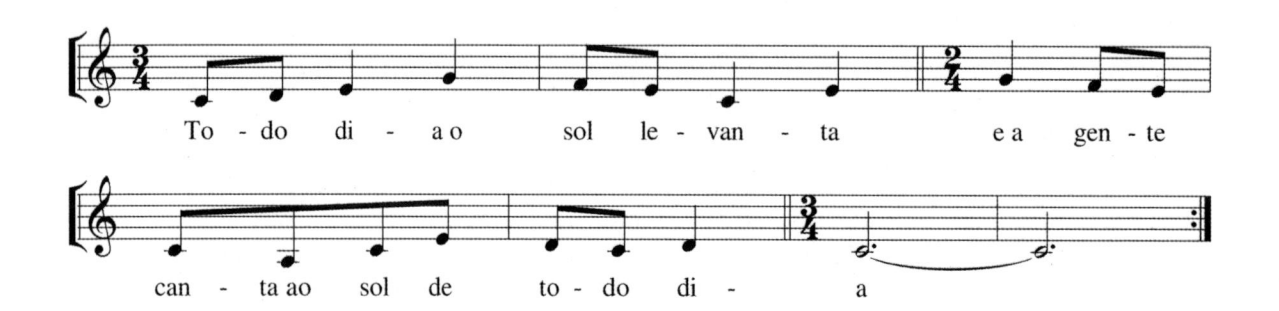

*Todo dia o sol levanta
e a gente canta ao sol de todo dia.*

*Fim da tarde a terra cora
e a gente cora porque finda a tarde.
Quando a noite a lua mansa
e a gente dança venerando a noite.*

(*Canto do povo de um lugar*, Caetano Veloso)[14]

Essa canção de Caetano Veloso faz referência ao caráter ritual e mágico presente na música e – especialmente – no cantar. Lembra os povos que cantavam ao nascer e ao pôr do sol, que dançavam nas noites de lua, que cantavam pedindo chuva, festejando a época da colheita etc., num tempo em que o viver acontecia de modo mais integrado e a música era parte do cotidiano de todos. Não é assim também com as crianças?

É importante brincar e cantar com as crianças, pois, como dissemos, o vínculo afetivo e prazeroso que se estabelece nos grupos em que se canta é forte e significativo.

O adulto, como modelo, deve cantar sem gritar, evitando pedir que as crianças sempre cantem "mais alto", tirando-lhes a chance de perceber a diferença entre cantar e gritar! Mesmo não sendo um ótimo cantor, pode cantar e brincar com as crianças, com o cuidado de adequar o canto às suas possibilidades vocais e

---

14. *Canto do povo de um lugar*, de Caetano Veloso, faz parte do CD *Joia*, Polygram, 1990, e integra também o CD *Canto do povo daqui*, São Paulo: Teca – Oficina de Música, 1997. Partitura reproduzida mediante autorização da Warner/Chappell Edições Musicais Ltda.

às delas. Não deverá cantar muito grave, nem agudo demais, nem apresentar canções que tenham letra muito longa, exigindo muita repetição.

A canção é um gênero musical que funde música e poesia. Cantando, as crianças imitam o que ouvem, desenvolvendo sua expressão musical, desde que essa atividade seja realizada num ambiente de orientação e estímulo ao canto, à escuta, à interpretação. Cantar mecanicamente, todo o tempo e a toda hora não significa necessariamente fazer música, e tampouco desenvolver recursos nessa esfera do conhecimento. Assim, vale a pena refletir sobre um aspecto fundamental, e já lembrado, que diz respeito ao uso do canto na pré-escola como forma de marcar a rotina ou estabelecer a ordem: canto na hora da entrada, na hora do lanche, na hora de lavar as mãos, na hora da saída etc. O que acontece, muitas vezes, é que o "cantar da rotina" torna-se monótono, repetitivo, mecânico e pouco musical!

É certo que música é gesto, movimento, ação. No entanto, é preciso dar às crianças a possibilidade de desenvolver sua expressão, permitindo que criem seus gestos, que observem e imitem os colegas e que, principalmente, concentrem-se na interpretação da canção, sem a obrigação de fazer gestos comandados durante todo o tempo, outro vício muito presente na educação infantil.

Cantando coletivamente, aprendemos a ouvir a nós mesmos, ao outro e ao grupo como um todo. Dessa forma, desenvolvemos também aspectos da personalidade, como atenção, concentração, cooperação e espírito de coletividade.

É importante apresentar às crianças canções do cancioneiro infantil tradicional, da música popular brasileira, da música regional, de outros povos etc. Além de cantar as canções que já vêm prontas, elas devem ser estimuladas a improvisar e a inventar canções.

A escolha do repertório

Como já dissemos, a escolha do repertório de canções deve privilegiar a adequação da melodia, do ritmo, da letra e da extensão vocal, ou seja, a tessitura. É aconselhável aproveitar as contribuições que as próprias crianças trazem, o que não significa trabalhar apenas com as músicas veiculadas pela mídia, que costumam ser, infelizmente, as menos indicadas para a realização do trabalho.

A cultura popular e, especialmente, a música da cultura infantil são ricas em produtos musicais que podemos e devemos trazer para o ambiente de trabalho das creches e pré-escolas. A música da cultura popular brasileira e, por vezes, de outros países deve estar presente. Cada região de nosso país tem suas próprias tradições: bumba-meu-boi, no Maranhão; boi-bumbá, no Pará; boi de mamão, em Santa Catarina; o maracatu, em Pernambuco e no Ceará; reisados, congadas, jongo, moçambiques, pastoris, cavalo-marinho; frevo, coco, samba, ciranda, maculelê, baião, enfim, um universo de ritmos, danças dramáticas, folguedos, festas, com características e significados legítimos. Mediante a pesquisa em livros, meios audiovisuais e, principalmente, pelo contato direto com grupos, sempre que possível, pelo canto, pela dança, pela representação, estaremos ampliando o universo cultural e musical e estabelecendo, desde a primeira infância, uma consciência efetiva com relação aos valores próprios da nossa formação e identidade cultural.

A música da cultura infantil

> "Entendendo-se cultura infantil como a experiência, as descobertas, o fazer das crianças entre elas mesmas, buscando a si e ao outro em interação com o mundo, ou seja, toda a multiplicidade e riqueza dos brinquedos de criança – teremos que buscar a compreensão da música da cultura infantil dentro deste mesmo contexto, como parte que é de um mesmo corpo de conhecimento, de um mesmo conhecimento com o corpo, nele incluídas, naturalmente, a sensibilidade, a inteligência e a vontade como dimensões da vida na sua complementaridade e inteireza.
>
> Os brinquedos com música fazem parte da vida da criança desde muito cedo. Aos acalantos e brincos da mais tenra infância, de iniciativa materna, seguem-se as lengalengas e parlendas, onde os primeiros gestos da melódica infantil se insinuam a par com o elemento rítmico da palavra. E, aos poucos, vão chegando os brinquedos cantados, cuja ação dinâmica, com suas variadas qualidades de movimento, talha uma música de caráter e perfil diferenciados. Finalmente, surgem as rodas de verso, verdadeiros ritos de passagem em que o conteúdo poético, a atmosfera própria e a movimentação, mesmo guardando dimensões da infância, apontam, cada vez mais, a expressividade da nova etapa a ser vivida. [...]
>
> É preciso desenvolver uma inteligência sensível, encontrar caminhos para a alegria e afirmar a vida na interligação. E se quisermos verdadeiramente fazer justiça às crianças, teremos que desafiá-las em sua graça e poder, através de sua própria cultura. [...]
>
> Toda criança gosta de música, poesia, brinquedo... Não será, pois, oportuno, favorecer-lhes a índole e levá-las a tocar seu destino com confiança?"
>
> *Lydia Hortélio*

Tomei a liberdade de transcrever o texto acima, escrito pela educadora e etnomusicóloga Lydia Hortélio para o livreto que acompanha a fita cassete *Brincando de roda*[15], de 1977, por sua extrema importância e beleza, que convidam a refletir sobre essa questão.

---

15. *Brincando de roda*. São Paulo: Eldorado, 1977.

O "Documento de Música" do *Referencial curricular nacional para a educação infantil*, valorizando a presença dos brinquedos musicais no cotidiano da educação infantil, afirma que

> *"em todas as culturas as crianças brincam com a música. Jogos e brinquedos musicais são transmitidos por tradição oral, persistindo nas sociedades urbanas, nas quais a força da cultura de massas é muito intensa, pois são fonte de vivências e desenvolvimento expressivo e musical. Envolvendo o gesto, o movimento, o canto, a dança e o faz-de-conta, esses jogos e brincadeiras são legítimas expressões da infância. Brincar de roda, ciranda, pular corda, amarelinha etc. são maneiras de estabelecer contato consigo próprio e com o outro, de se sentir único e, ao mesmo tempo, parte de um grupo, e de trabalhar com as estruturas e formas musicais que se apresentam em cada canção e em cada brinquedo.*
>
> *Os jogos e brinquedos musicais da cultura infantil incluem os acalantos (cantigas de ninar); as parlendas (os brincos, as mnemônicas e as parlendas propriamente ditas); as rondas (canções de roda); as adivinhas; os contos; os romances etc."*
>
> ***(RCNEI, vol. 3, 1998, p. 71)***

Acalantos

> *"A cantiga de berço, o suave embalo e aconchego nos braços das mães ou amas carinhosas, foi sempre, em todos os povos, o primeiro gesto de solidariedade ao recém-nascido. A vida começa, realmente, com o primeiro ninado da parteira, o acalanto inaugural, recebido sempre pelo bebê com gritos e protestos terríveis."*
>
> *(Melo, 1985, p. 23)*

Seja para afastar os bichos ou personagens estranhas que poderiam assustar ou levar o menino, seja para protegê-lo ou ameaçá-lo, as cantigas de ninar estão muito presentes em nossa cultura. Quem não conhece o *Tutu-marambá?*

É muito importante cantar e embalar o bebê suavemente, procurando relaxá-lo e dar-lhe um sono tranquilo.

Algumas canções de ninar estão presentes em todo o Brasil. Que tal conferir?

DORME, NENÊ

Dorme, nenê
Que eu tenho o que fazer
Vou lavar, vou engomar
Camisinha pra você.

Sai, gato preto,
De cima do telhado
Vem ver se esse menino
Dorme um sono sossegado.

NANA, NENÊ

Nana, nenê
Que a cuca vem pegar
Papai foi à roça
Mamãe já volta já.

Bicho-papão
Sai de cima do telhado
Vem ver se esse menino
Dorme um sono sossegado.

BOI DA CARA PRETA

Boi boi boi Boi da cara preta
Pe - ga es - se me - ni - no Que tem me - do de ca - re - ta

Boi, boi, boi
Boi da cara preta
Pega esse menino
Que tem medo de careta.

Boi, boi, boi
Boi do Piauí
Pega esse menino
Que tem medo de dormir.

TUTU-MARAMBÁ

Tu - tu ma - ram - bá Não ve - nha mais cá Que o
pai da me - ni - na Te man - da ma - tar. Te - man - da ma - tar.

Tutu-marambá
Não venha mais cá
Que o pai da menina
Te manda matar.

SENHORA SANTANA[16]

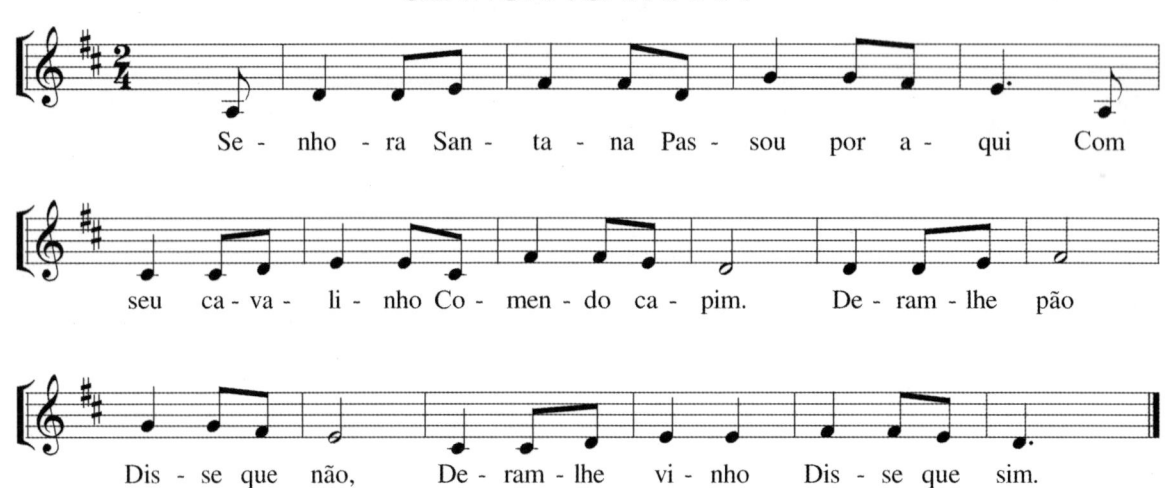

Se-nho-ra San-ta-na Pas-sou por a-qui Com seu ca-va-li-nho Co-men-do ca-pim. De-ram-lhe pão Dis-se que não, De-ram-lhe vi-nho Dis-se que sim.

Senhora Santana
Passou por aqui
Com seu cavalinho
Comendo capim.

Deram-lhe pão
Disse que não
Deram-lhe vinho
Disse que sim.

LEMBRANÇAS

- Que cantigas de ninar você ouvia quando era criança? Quem cantava para você? Que sentimentos desperta em você a lembrança desses acalantos?

- Tente relacionar os acalantos que você conhece, dando especial atenção àqueles que lhe são mais caros!

- Não deixe de cantar para os bebês e crianças que estiverem sob os seus cuidados.

---

16. O acalanto *Senhora Santana* está gravado no CD *Cantos de vários cantos*. São Paulo: Teca – Oficina de Música, 1999.

Brincos e parlendas

As parlendas e os brincos são as brincadeiras rítmico-musicais com que os adultos entretêm e animam os bebês e as crianças. Enquanto as parlendas são brincadeiras rítmicas com rima e sem música, os brincos são, geralmente, cantados (com poucos sons), envolvendo também o movimento corporal (cavalinho, balanço...). Junto com os acalantos, essas costumam ser as primeiras canções que intuitivamente cantamos para os bebês e crianças menores.

Brincos

A CASINHA DA VOVÓ[17]

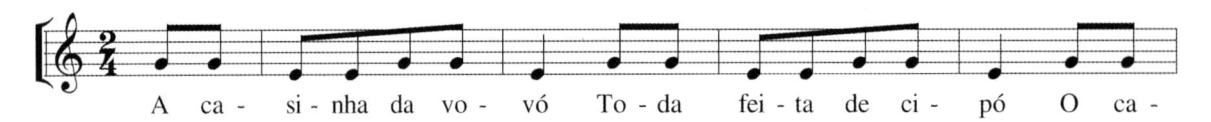

*A casinha da vovó
Toda feita de cipó
O café está demorando
Com certeza falta pó.*

SERRA, SERRA, SERRADOR

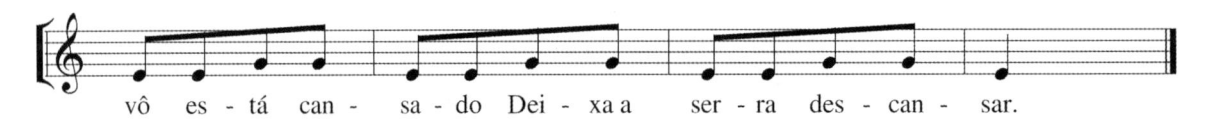

*Serra, serra, serrador
Serra o papo do vovô
O vovô está cansado
Deixa a serra descansar.*

Ou, em outra versão:

*Serra, serra, serrador
Quantas tábuas já serrou?
Já serrei vinte e quatro:
1, 2, 3, 4*

Observação: Este brinco se realiza com as mãos dadas, um em frente do outro, fazendo movimentos de balanceio para a frente e para trás.

---

17. Os brincos *A casinha da vovó* e *Serra, serra, serrador* estão gravados no CD *Cantos de vários cantos*. São Paulo: Teca – Oficina de Música, 1999.

PALMINHAS DE GUINÉ

Palminhas de guiné
Palminhas de guiné
Pra quando papai vier.

Papai dá papinha
Mamãe dá maminha
Vovó dá com cipó
Na bundinha da...

BAMBALALÃO

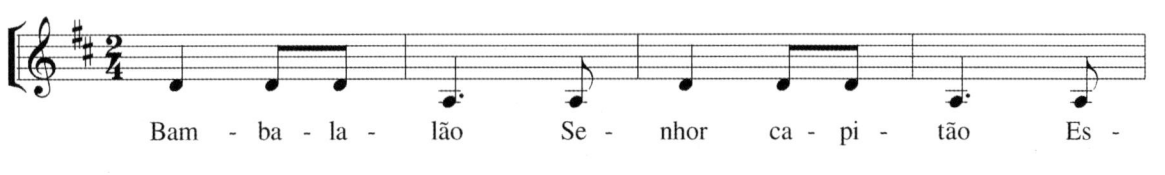

Bambalalão
Senhor capitão
Espada na cinta
Ginete na mão.

Observação: Balançando-se como cavalinho.

DEM, DEM

Dem dem Seu bis-po vem, Pa-to, mar-re-co, Pe-ru tam-bém.

Dem, dem
Seu bispo vem,
Pato, marreco,
Peru também.

Observação: O adulto segura o bebê pelas axilas e o balança, acompanhando a música e colocando-o no chão quando a música termina.

TOQUE PRA SÃO ROQUE

To-que, to-que, to-que Va-mos pra São Ro-que
Ver o me-ni-ni-nho Que vem vin-do no ga-lo-pe.

Toque, toque, toque
Vamos pra São Roque
Ver o menininho
Que vem vindo no galope.

Observação: O adulto senta-se no chão com os joelhos dobrados e os pés apoiados no chão. Coloca o bebê sentado sobre seus joelhos e acompanha a música como se estivesse galopando. Quando a música termina, abaixa os joelhos e estica as pernas.

PENEIRINHA

Peneirinha, peneirão
De coar feijão.
Peneirinha, peneirá
De coar fubá.
Peneirão, peneirinha
De coar farinha.

Observação: Dois adultos formam uma "cadeirinha" e balançam a criança enquanto cantam.

DEDO MINDINHO

Dedo mindinho,
Seu vizinho,
Maior de todos,
Fura-bolos,
Cata-piolhos.

Esse diz que quer comer,
Esse diz que não tem quê,
Esse diz que vai furtar,
Esse diz que não vai lá,
Esse diz que Deus dará.

Paca,
Cotia,
Tatu,
Traíra,
Muçu.
Cadê o bolinho que estava aqui?
O gato comeu.
Foi por aqui, por aqui, por aqui...

Observação: Brincadeira com os cinco dedos da mão.

Parlendas

Segundo Veríssimo de Melo, as parlendas são brincadeiras de iniciativa da própria criança. Diferem dos brincos porque, neste caso, a iniciativa é dos pais ou outros adultos responsáveis.

Exemplos:

AMANHÃ É DOMINGO

A - ma - nhã é do - min - go Do pé de ca - chim - bo Ca-
Ho - je é do -
chim - bo é de bar - ro Que ba - te no jar - ro O jar - ro é de
ou - ro Que ba - te no tou - ro O tou - ro é va - len - te Que
ba - te na gen - te A gen - te é fra - ca E cai no bu -
ra - co O bu - ra - co é fun - do A - ca - bou - se o mun - do.

Amanhã é domingo
Do pé de cachimbo
Cachimbo é de barro
Que bate no jarro
O jarro é de ouro
Que bate no touro
O touro é valente
Que bate na gente
A gente é fraca
E cai no buraco
O buraco é fundo
Acabou-se o mundo.

Observação: Essa parlenda, encontrada pelo país afora com muitas variações, tem função de memorização. Apresentamos aqui duas possibilidades: Amanhã é domingo e Hoje é domingo.

Para ensinar a contar:

UM, DOIS, FEIJÃO COM ARROZ

Um, dois, fei-jão com ar-roz. Três, qua-tro, fei-jão no pra-to. Cin-co, seis, fei-jão in-glês. Se-te, oi-to, co-mer bis-coi-to. No-ve, dez, co-mer pas-téis.

Um, dois, feijão com arroz
Três, quatro, feijão no prato
Cinco, seis, feijão inglês
Sete, oito, comer biscoito
Nove, dez, comer pastéis.

Ou:

UNA, DUNA, TENA, CATENA

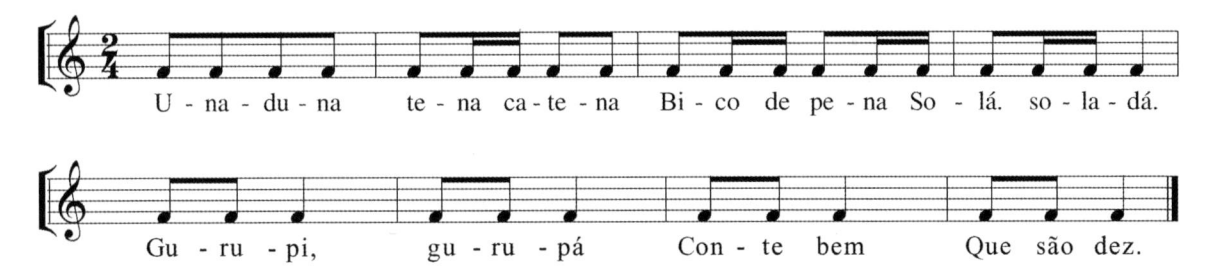

U-na-du-na te-na ca-te-na Bi-co de pe-na So-lá, so-la-dá. Gu-ru-pi, gu-ru-pá Con-te bem Que são dez.

Una, duna, tena, catena
Bico de pena
Solá, soladá,
Gurupi, gurupá:
Conte bem
Que são dez!

Para saber com quem vão casar:

REI, CAPITÃO

Rei Capitão Soldado Ladrão Moço bonito Do meu coração.

     Rei
    Capitão
    Soldado
    Ladrão
  Moço bonito
 Do meu coração.

Observação: Brincadeira de contar os botões do casaco. A palavra que coincidir com o último botão indica quem será o noivo ou noiva (um capitão ou a filha do capitão). Lembro, mais uma vez, que essas brincadeiras surgem com variações nas diferentes regiões brasileiras, e, por isso, o mais interessante é pesquisar como brincam as crianças da sua região, da sua comunidade.

Fórmulas de escolha:

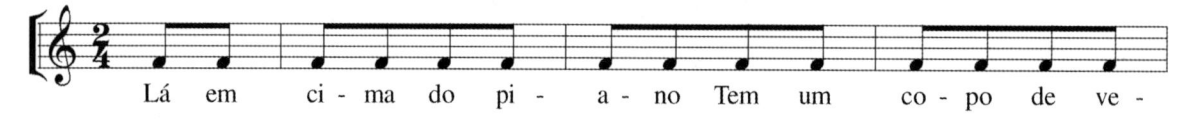

LÁ EM CIMA DO PIANO

Lá em cima do piano Tem um copo de veneno Quem bebeu morreu O azar foi seu.

 Lá em cima do piano
 Tem um copo de veneno
  Quem bebeu morreu
   O azar foi seu.

BARRA-MANTEIGA

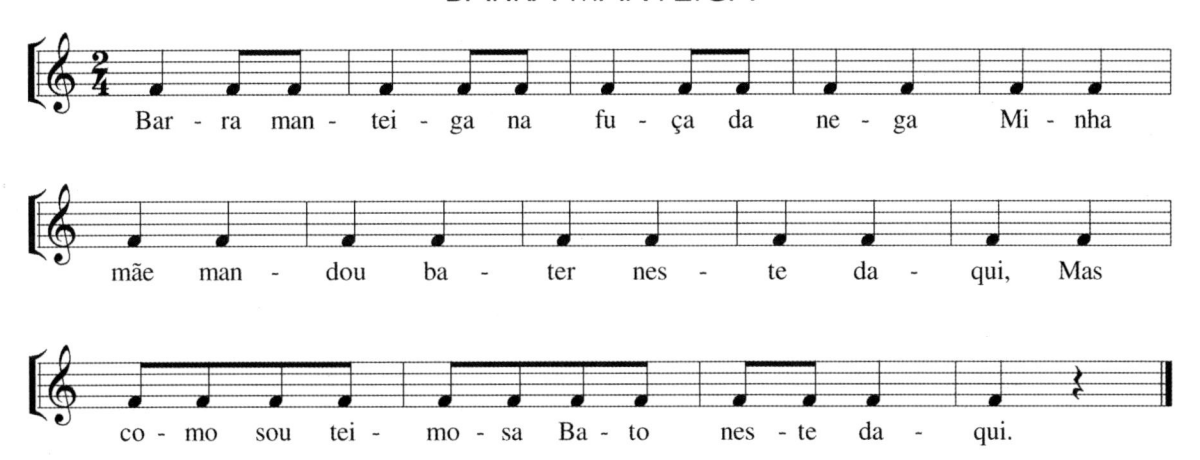

Barra-manteiga na fuça da nega
Minha mãe mandou bater neste daqui
Mas como sou teimosa
Bato neste daqui
1, 2, 3.

Observação: Em minha infância, brincávamos de barra-manteiga como um jogo de pegar, formando duas fileiras de crianças, colocadas uma em frente da outra. Uma criança do grupo A dirigia-se ao grupo B falando os versos e batendo na palma da mão de cada criança, em sequência (todas ficavam com a palma da mão estendida para receber os "bolos"). A última criança a "levar o bolo", quando se chegava ao final do texto, saía perseguindo a criança do grupo A. Se encostasse nela antes que ela voltasse ao seu lugar, a criança passava para o grupo B. A vitória cabia ao grupo que ficasse com o maior número de jogadores.

A-DO-LE-TA

A-do-le-ta le peti tole tolá
le café com chocolá A-do-le-ta
pu-xa o ra-bo do ta-tu quem sa-iu foi tu.

A-do-le-ta
Le peti tole tolá
Le café com chocolá
A-do-le-ta
Puxa o rabo do tatu
Quem saiu foi tu.

Observação: As crianças ficam em círculo, com os braços estendidos e com as palmas das mãos voltadas para cima. A palma da mão direita fica em cima da palma da mão esquerda do amigo do lado direito.

Seguindo o pulso, a mão direita bate sobre a direita do amigo, que, ao receber a palma, passa adiante, e assim sucessivamente.

Na sílaba final, o que deveria receber a palma tira a mão. Caso contrário, cai fora do jogo, e vice-versa.

Brinquedos de roda

> *"As rondas ou brincadeiras de roda integram poesia, música e dança. No Brasil receberam influências de várias culturas, especialmente da lusitana, africana, ameríndia, espanhola e francesa."*
>
> **(RCNEI, vol. 3, 1998, p. 71)**

O educador ou educadora deve buscar dentro de si as marcas e lembranças da infância, tentando recuperar jogos, brinquedos e canções presentes em seu brincar. Também deve pesquisar na comunidade e com as pessoas mais velhas as tradições do brincar infantil, devolvendo-as às nossas crianças, pois elas têm importância fundamental para seu crescimento sadio e harmonioso. Não se trata de saudosismo, mas sim de proporcionar às nossas crianças a possibilidade de viver sua própria cultura e modo de ser!

Seguem alguns exemplos de jogos e brinquedos musicais, lembrando mais uma vez que o mais importante é trabalhar com aqueles que sejam significativos para a sua comunidade, para as suas crianças.

LAGARTA PINTADA

Lagarta pintada quem foi que te pintou?
Foi uma velhinha que passou por aqui
No tempo da era fazia poeira
Puxa lagarta na ponta da orelha.

Esse brinquedo chegou até nós via Portugal e é encontrado em diversos lugares do Brasil. Dependendo do local, aparecem pequenas diferenças na letra e na melodia.

FORMAÇÃO: Roda no chão. Todas as crianças deixam as duas mãos no chão, e a que comanda o jogo vai, ao cantar, tocando a mão de cada uma, seguindo o pulso da música.

•   •   •   •   •   •   •
La   gar   ta pin ta   da quem foi que te pin tou?

Cada vez que uma rodada termina, a criança que foi a última (... ponta da orelha) tira a mão do chão e segura a orelha da vizinha, até que toda a roda esteja segurando umas a orelha das outras. Levantam-se e rodam cantando sem soltar a orelha!

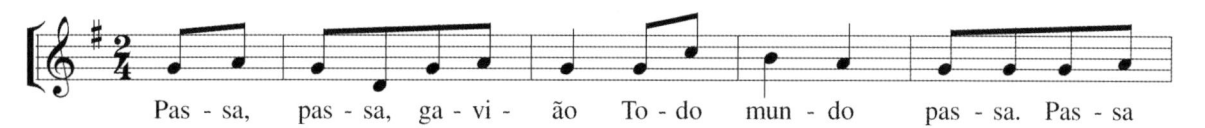

PASSA, PASSA, GAVIÃO[18]

[musical score]

Pas - sa, pas - sa, ga - vi - ão To - do mun - do pas - sa. Pas - sa pas - sa, ga - vi - ão to - do mun - do pas - sa. As la - va - dei - ras fa - zem as - sim. As la - va - dei - ras fa - zem as - sim As - sim, as - sim, As - sim, as - sim.

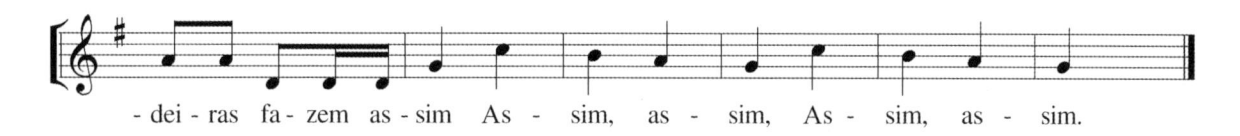

A (refrão)
Passa, passa, gavião
Todo mundo passa } bis

B
As lavadeiras fazem assim (bis)
Assim, assim (bis)
Os sapateiros fazem assim...
As cozinheiras fazem assim... etc.

FORMAÇÃO: Formando uma ponte (como nas quadrilhas das festas juninas), as crianças passam por ela enquanto cantam a primeira parte: "Passa, passa, gavião...", e param em seguida para simular as diferentes profissões que aparecem na segunda parte.

Observação: O educador poderá adequar os movimentos que julgar mais convenientes ao grupo e trabalhar com instrumentos ou objetos sonoros, elaborando arranjos simples com as crianças. Ele poderá pesquisar com elas os materiais para fazer o som das lavadeiras e o dos sapateiros, por exemplo. Algumas crianças podem tocar na parte A:

•		•		•		•		•		•		•		•
Pas	sa	pas	sa	ga	vi	ão		To	do	mun		do		pas	sa

que corresponde ao pulso, à pulsação (sempre regular e constante).
Ao ritmo corresponde a duração de cada sílaba cantada:

Pas	sa	pas	sa	ga	vi	ão		To	do	mun		do		pas	sa
*	*	*	*	*	*	—		*	*	—		—		*	*

* = som curto   — = som longo

Outras crianças podem dividir-se para tocar na estrofe B, que faz referência às profissões.

Essas são apenas sugestões que devem servir de ponto de partida para sua reflexão sobre as possibilidades de realização. Você deve contar especialmente com ideias e sugestões suscitadas pelas crianças se quiser realizar um acompanhamento instrumental para a canção.

---

18. *Passa, passa, gavião*, assim como *Sur le pont d'Avignon*, integra o CD *Cantos de vários cantos*. São Paulo: Teca – Oficina de Música, 1999.

SUR LE PONT D'AVIGNON[19]

Conforme citação anterior, as brincadeiras de roda brasileiras sofreram influência de outras culturas, entre as quais a francesa. *Sur le pont d'Avignon* é um brinquedo de roda tradicional francês que deu origem a vários outros em nosso país, entre eles *Passa, passa, gavião*.

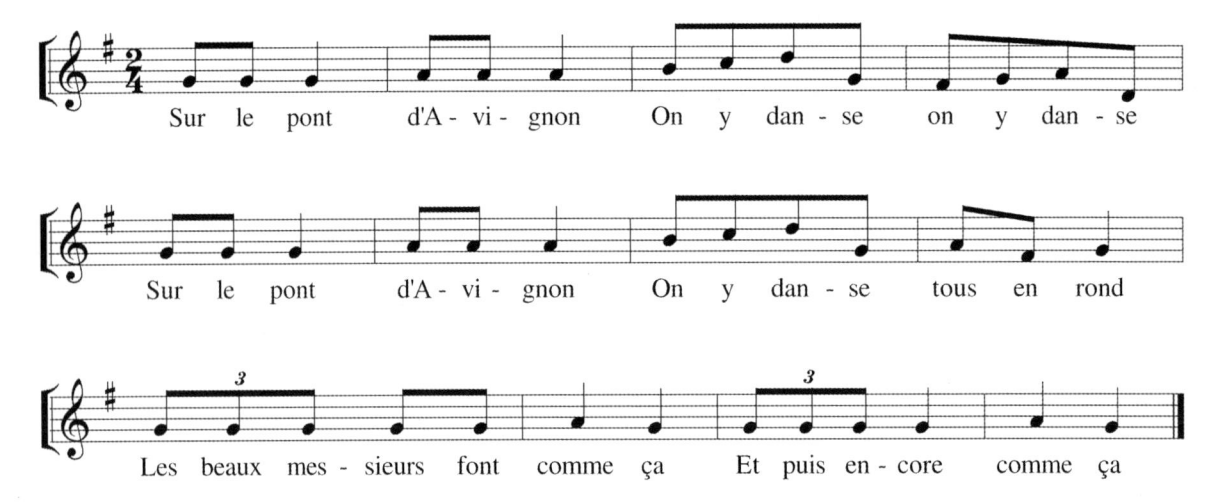

Sur le pont d'Avignon
On y danse, on y danse
Sur le pont d'Avignon
On y danse tous en rond.
Les beaux messieurs font comme ça
Et puis encore comme ça

Les jolies dames font comme ça
Et puis encore comme ça.

Les beaux militaires font comme ça
Et puis encore comme ça.

("Lá na ponte de Avignon / Nós dançamos, nós dançamos / Lá na ponte de Avignon / Nós dançamos todos em roda / Os formosos cavalheiros fazem assim / E também fazem assim // As belas damas fazem assim / E também fazem assim // Os garbosos militares fazem assim / E também fazem assim.")

As crianças brincam, em roda ou fazendo ponte, como em *Passa, passa, gavião*.

---

19. *Sur le pont d'Avignon* integra o CD *Cantos de vários cantos*. São Paulo: Teca – Oficina de Música, 1999.

SAMBA-LELÊ[20]

Samba-lelê é um samba de roda presente em todo o nosso país. Encontramos variações da letra, do refrão, mas sua estrutura é praticamente a mesma.

Sam - ba le - lê tá do - en - te   Tá co'a ca - be - ça que - bra - da
Sam - ba le - lê pre - ci - sa - va   É de u - mas bo - as lam - ba - das

Sam - ba, sam - ba, sam - ba ô le - lê   Pi - sa na bar - ra da sa - ia ô le - lê

Samba-lelê tá doente
Tá co'a cabeça quebrada
Samba-lelê precisava
É de umas boas lambadas.

Samba, samba, samba, ô lelê (bis)
Pisa na barra da saia ô lelê
Olhe, morena bonita
Onde é que você mora?
Moro na praia formosa
Mas eu de lá vou-me embora.

(Refrão)
Olhe, morena bonita
Como é que se namora
Põe um lencinho no bolso
Deixa a pontinha de fora.

(Refrão)
Olhe, morena bonita
Como é que se cozinha
Bota a panela no fogo
Vai conversar co'a vizinha.

---

20. *Samba-lelê* integra o CD *Cantos de vários cantos*. São Paulo: Teca – Oficina de Música, 1999.

Com base em *Samba-lelê*, analisaremos a construção das frases musicais, não só como sugestão para o desenvolvimento deste trabalho com as crianças, mas, principalmente, como ponto de partida para a realização de exercícios similares, de percepção e análise, durante o trabalho com outras canções.

A estrutura das canções ajuda-nos a perceber o fraseado musical. Em *Samba-lelê* identificamos quatro frases musicais, que podem ser subdivididas em duas partes: pergunta e resposta. A canção apresenta frases musicais iguais com texto diferente e frases musicais iguais com texto igual.[21]

FRASE 1

Samba-lelê tá doente
(pergunta)

Tá co'a cabeça quebrada
(resposta)

FRASE 2

Samba-lelê precisava
(pergunta)

É de umas boas lambadas
(resposta)

FRASES 3 E 4 (REFRÃO)

Samba, samba, samba, ô lelê
(pergunta)

Pisa na barra da saia, ô lelê
(resposta)

A frase 1 tem a mesma melodia da frase 2, mas o texto é diferente. O refrão (frases 3 e 4) apresenta a mesma melodia e a mesma letra.

As outras estrofes da canção apresentam a mesma estrutura das frases 1 e 2.

Você pode trabalhar essa canção com as crianças cantando, dançando, dramatizando, acompanhando com instrumentos etc., como segue:

CANTANDO – Cante bastante, buscando um modo particular de interpretar, de representar a situação. A primeira estrofe fala apenas do Samba-lelê, mas as seguintes propõem um diálogo: estaria o Samba-lelê conversando com a morena bonita?

A percepção das frases (conforme a orientação acima) pode ser trabalhada com as crianças durante a interpretação da canção: um grupo canta a frase 1 (pergunta) e o outro responde (frase 2). O

---

21. Atividade proposta pela educadora M. Berenice S. de Almeida no *Fax Musical*, módulo II – nº 3, 1997.

refrão pode ser cantado por todo o grupo e deve ser aproveitado para conscientizar o conceito. O refrão, ou estribilho, corresponde aos versos que se repetem, numa composição. Você conhece outras canções que tenham refrão?

Procure estimular a atenção das crianças para a percepção de questões como as que foram apontadas acima. Não lhes dê respostas nem lhes apresente o esquema da canção todo pronto, mas caminhe junto com elas nessa direção. Elas desenvolverão uma escuta mais atenta e consciente, discriminando semelhanças e diferenças, percebendo as partes e o todo de uma só vez, aspectos muito importantes para a formação de uma percepção holística, integradora.

DANÇANDO – As crianças podem dançar em roda, alterando o sentido de acordo com as mudanças de frase. No refrão, por exemplo, a roda pode voltar-se para o centro e parar, batendo palmas, pés etc.

O canto e a dança estimulam também a percepção e a consciência, como já dissemos, e ao mesmo tempo a criatividade, a capacidade de transformar, inventar, improvisar, organizar.

Como um samba de roda, forme um círculo, com um cabo de vassoura ou outro pedaço de madeira disposto no centro, no chão. Um a um, os participantes entram na roda e dançam, cruzando e/ou alternando os pés, virando de trás para a frente, sambando, sem pisar no cabo de vassoura.

TOCANDO – Instrumentos de percussão ou objetos sonoros também podem acompanhar a canção: seguindo as frases (cada grupo de instrumentos toca numa frase), tocando só no refrão, marcando o pulso ou o ritmo (quando isso já é possível) etc.

Quantas possibilidades mais você pode pensar para trabalhar com essa e outras canções?

O TREM DE FERRO[22]

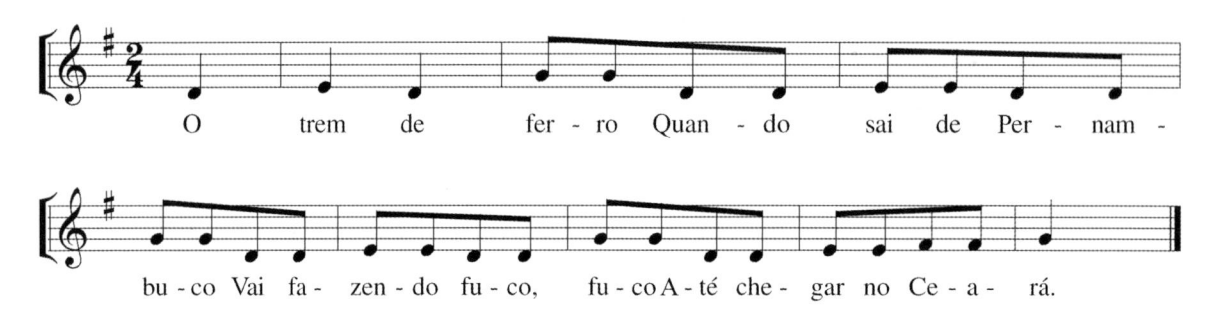

(partitura musical)

O trem de ferro Quando sai de Pernambuco Vai fazendo fuco-fuco, fuco A-té chegar no Ceará.

> *O trem de ferro*
> *Quando sai de Pernambuco*
> *Vai fazendo fuco-fuco*
> *Até chegar no Ceará.*
>
> *Rebola, bola*
> *Você diz que dá e dá*
> *Você diz que dá na bola*
> *Na bola você não dá.*
>
> *Rebola o pai*
> *Rebola a mãe, rebola a filha*
> *Eu também sou da família*
> *Também quero rebolar.*
>
> *Um pouquinho de coca-cola*
> *Um pouquinho de guaraná*
> *O menino vai à escola*
> *Pra aprender o bê-a-bá.*
>
> *Sete e sete são catorze*
> *Com mais sete vinte e um*
> *Tenho sete namorados*
> *Mas não gosto de nenhum.*
>
> *Cada vez que vejo um*
> *Dou um tapa no bumbum.*

O trem de ferro é uma das canções infantis mais difundidas em nosso país. Encontramos muitas variantes (*O trem de ferro, O trem maluco*), dependendo do local, com maior ou menor número de estrofes, com alterações da melodia etc. A versão aqui apresentada eu ouvi em Fortaleza, no Ceará, há cerca de quinze anos, e chamou

---
22. Presente no CD *Cantos de vários cantos*. São Paulo: Teca – Oficina de Música, 1999.

a minha atenção, pois pela primeira vez deparei com a presença da coca-cola e do guaraná numa embolada infantil!

Algumas canções, pelos temas que enfocam, podem servir ao desenvolvimento de outras atividades, musicais ou não. Às vezes, é a canção que nos remete a outros conteúdos, ao passo que outras vezes ocorre o contrário: algum projeto que vem sendo desenvolvido pelo grupo pode estimular a introdução de determinada canção.

O trem é, entre outros, um ótimo tema para trabalhar com crianças. Com base na canção, podemos explorar uma série de outras questões, como os meios de transporte, a ideia de viajar, os muitos lugares do mundo, as variações de velocidade, os sons produzidos pelo trem, o que se encontra pelo caminho etc.

A parlenda *Café com pão, bolacha não...* pode somar-se ao trabalho, e esse tema serve também como interessante atividade de improvisação. As crianças usam chocalhos ou ganzás para sonorizar o movimento do trem, pesquisam sons de apitos ou usam a voz para imitar o apito do trem, interpretam o movimento do trem, que dá a partida lentamente e vai aumentando a velocidade para, no final da viagem, diminuí-la outra vez.

Procure gravar a improvisação e, guiando-se pela escuta da gravação, as crianças podem se "transformar" num vagão de trem em movimento.

Livros sobre esse assunto também podem enriquecer a experiência com o tema. Ana Maria Machado escreveu *A verdadeira história de Maria Fumaça*, cujo texto flui ritmicamente, em sintonia com o movimento de um trem, estimulando a sonorização, que pode incluir materiais sonoros diversos – que deverão ser pesquisados –, além da voz e dos sons corporais.

Uma canção estimula também a apreciação musical, ou seja, a escuta de obras musicais com tema similar. Em se tratando de *O trem de ferro*, destacamos:

- Heitor Villa-Lobos – *O trenzinho do caipira* (*Bachianas brasileiras nº 2*);
- Egberto Gismonti – *O trenzinho do caipira* (do CD *Trem caipira*);
- S. Prokofiev – *Fogueiras de inverno*. A obra de Prokofiev, também para orquestra, descreve um passeio de trem realizado por soldados russos. A forma da composição estimula a criação de movimentos, de uma cena etc.;
- Tom Jobim / Manuel Bandeira – *Trem de ferro* (do CD *Antonio Brasileiro*). Tom Jobim musicou a poesia de Bandeira, ofertando-nos uma bela viagem!

Observação: Villa-Lobos compôs *O trenzinho do caipira* para orquestra, ao passo que Egberto Gismonti fez um arranjo utilizando sintetizadores eletrônicos. É interessante ouvir e comparar as duas gravações.

BAMBU[23]

Bam - bu, ti - ra - bu A - ro - ei - ra man - tei - guei - ra Ti - ra - rá a fu - la - na Pa - ra ser bam - bu.

Bambu, tirabu
Aroeira, manteigueira
Tirará a fulana
Para ser bambu.

Bambu, uma das muitas rodas com nome presentes na música da cultura infantil, é procedente da Bahia. Essas rodas são brinquedos musicais especiais porque valorizam cada criança, destacando-a no círculo, que é, ao mesmo tempo, espaço de integração e socialização do grupo.

FORMAÇÃO: As crianças dançam em roda, girando no sentido horário. Ao ouvir seu nome citado, a criança vira-se para fora da roda, cruzando os braços na frente do corpo. A roda continua até que todos se virem, e prossegue até trazer todos de volta para o centro (orientação de Lydia Hortélio).

Encontrei também a seguinte referência ao modo de brincar de Bambu:

23. *Bambu* também integra o CD *Cantos de vários cantos*. São Paulo: Teca – Oficina de Música, 1999.

Roda, de mãos dadas. Cantam, deslizando o corpo para frente e para trás. Ao nomear uma criança para ser bambu, ela se ajoelha. Quando todas estiverem ajoelhadas, nomeia-se, novamente, para que se levantem.

(Anotações manuscritas, sem indicação de fonte.)

SAI, SAI, PIABA[24]

A
Sai, sai, sai, piaba ⎱
Saia da lagoa ⎰ bis

B
Bota a mão na cabeça
Outra na cintura
Dá um remelexo no corpo
Uma umbigada na outra.

Sai, sai, piaba é um samba de roda do Recôncavo Baiano.

FORMAÇÃO: Roda com uma criança no centro. Na parte A, as crianças dançam em roda ou ficam batendo palmas paradas no lugar, enquanto a criança do centro improvisa movimentos livremente.

Na parte B, a criança que está no centro escolhe alguém da roda e se coloca na frente dele. Fazem os movimentos sugeridos pela letra e terminam com uma "umbigada". A criança escolhida vai para o centro da roda, e a dança continua...

---

24. *Sai, sai, piaba* integra o CD *Cantos de vários cantos*. São Paulo: Teca – Oficina de Música, 1999.

A LINDA ROSA JUVENIL[25]

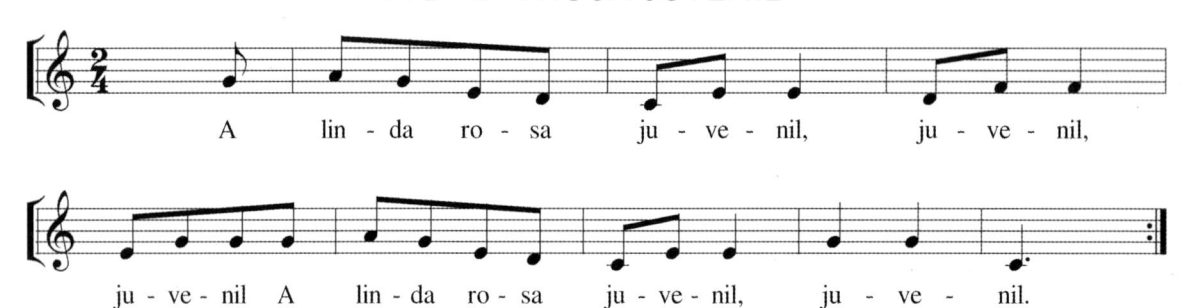

A linda rosa juvenil, juvenil, juvenil
A linda rosa juvenil, juvenil.

Vivia alegre no seu lar, no seu lar, no seu lar
Vivia alegre no seu lar, no seu lar.

Mas uma feiticeira má, muito má, muito má
Mas uma feiticeira má, muito má.

Adormeceu a rosa assim, bem assim, bem assim
Adormeceu a rosa assim, bem assim.

Não há de acordar jamais, nunca mais, nunca mais
Não há de acordar jamais, nunca mais.

O tempo passou a correr, a correr, a correr
O tempo passou a correr, a correr.

O mato cresceu ao redor, ao redor, ao redor
O mato cresceu ao redor, ao redor.

Um dia veio um belo rei, belo rei, belo rei
Um dia veio um belo rei, belo rei.

Que despertou a rosa assim, bem assim, bem assim
Que despertou a rosa assim, bem assim.

E batam palmas para o rei, para o rei, para o rei
E batam palmas para o rei, para o rei.

---

25. *A linda rosa juvenil* integra o CD *Brincando de roda*. São Paulo: Eldorado, 1997.

A linda rosa juvenil, brinquedo cantado, presente em muitas regiões do nosso país, apresentando, às vezes, pequenas alterações na letra e na melodia, é roda que estimula a dramatização. Uma criança pode ser a rosa e ficar no centro da roda. Do lado de fora, ficam a feiticeira e o rei; o tempo e o mato podem ser representados pelas crianças da roda.

Como?

Juntos, vocês poderão decidir!

A linda rosa juvenil pode servir também para atividade de sonorização. O grupo poderá escolher um timbre para representar a rosa, outro para a feiticeira etc. Dessa maneira, o brinquedo amplia suas possibilidades de realização, mas é importante que, em primeiro lugar, as crianças possam dançar, dramatizar, cantar.

Pesquisando os objetos sonoros mais adequados à representação de cada personagem do brinquedo, as crianças estarão enfatizando o timbre – parâmetro que distingue um som do outro, chamado, metaforicamente, de a "cor" do som.

A POMBINHA VOOU[26]

[Partitura musical com a letra:]

Pom-bi-nha quan-do tu fo-res, Es-cre-ve pe-lo ca-mi-nho, Se não a-cha-res pa-pel, nas a-sas de um pas-sa-ri-nho. Da bo-ca faz um tin-tei-ro, Da lín-gua, pe-na dou-ra-da, dos den-tes, le-tra mi-ú-da, Dos o-lhos, car-ta fe-cha-da. A pom-bi-nha vo-ou, vo-ou, vo-ou E-la foi-se em-bo-ra e me dei-xou. A pom-bi-nha vo-ou, vo-ou, vo-ou E-la foi-se em-bo-ra e me dei-xou.

Pombinha quando tu fores,
Escreve pelo caminho,
Se não achares papel,
Nas asas de um passarinho.

Da boca faz um tinteiro,
Da língua, pena dourada,
Dos dentes, letra miúda,
Dos olhos, carta fechada.

A pombinha voou, voou, voou
Ela foi-se embora e me deixou.

De acordo com o livro *Brincando de roda*, *A pombinha voou* é um dos brinquedos cantados pelas crianças do Rio de Janeiro.

FORMAÇÃO: Roda, com uma criança no centro e as outras de mãos dadas. A roda gira enquanto as crianças cantam as duas primeiras quadras. Ao terminá-las, elas param e cantam os versos finais batendo palmas, enquanto a criança que está no centro, com os braços erguidos lateralmente, movimenta-se para baixo, para cima e corre saltitando dentro da roda. Uma companheira é escolhida para substituí-la.

---

26. A canção *A pombinha voou* está gravada nos CDs *Canto do povo daqui*, São Paulo: Teca – Oficina de Música, 1997, e *Brincando de roda*, São Paulo: Eldorado, 1997.

ESCRAVOS DE JÓ[27]

Escravos de jó
Jogavam caxangá.
Tira, põe,
Deixa ficar.
Guerreiros com guerreiros
Fazem zigue, zigue, zá. (bis)

Escravos de Jó é um brinquedo tradicional brasileiro, realizado comumente como um jogo com pedras, caixas de fósforos, sementes etc., que são passadas de um em um, acompanhando algumas indicações da letra.

FORMAÇÃO: Em círculo, sentados no chão, tendo cada um uma pedra ou outro objeto.

Escravos de Jó/Jogavam caxangá: as pedras são passadas da esquerda para a direita, em movimentos regulares e sucessivos que acompanham o tempo forte da música.

Tira, põe,/Deixa ficar: com uma pedra na mão, cada participante realiza exatamente o que a letra sugere.

Guerreiros com guerreiros/Fazem zigue, zigue, zá (bis): as pedras seguem novamente para a direita, mas, quando chega o "zigue, zigue, zá", fazem um Z: pegam a pedra no primeiro "zigue", voltam para a esquerda no segundo, seguindo para a direita no "zá".

Escravos de Jó também sugere movimentos corporais. No livro *Jogos e passeios infantis*,[28] as autoras afirmam que em Pelotas, no Rio Grande do Sul, as crianças costumam dar a volta na quadra, de braços dados, cantando a canção. No momento em que cantam "zigue, zigue, zá", retrocedem um passo, no ritmo da música, e recomeçam, então, o passeio.

---

27. *Escravos de Jó*, assim como o brinquedo que vem em seguida, *Canção de Ghana*, estão gravados no CD *Cantos de vários cantos*. São Paulo: Teca – Oficina de Música, 1999.
28. Ver a seção "Para pesquisar", na página 144.

CANÇÃO DE GHANA

*Oh o bon so ni sah nya na
O bon so ni sah.*

("Nós somos crianças e estamos brincando com pedras.")

Esse jogo musical é proveniente de Ghana, na África, e guarda semelhanças com o nosso *Escravos de Jó*, tanto por ser um jogo com pedras quanto por sua estrutura melódica e rítmica.

FORMAÇÃO: Em círculo, sentadas no chão; cada criança segura uma pedra, que passa para o companheiro à sua esquerda, sempre no tempo forte: passa a pedra, pega a outra, passa a pedra, pega a outra...

Esses exemplos ilustram a possibilidade de trabalho com os brinquedos musicais presentes em nossa cultura e na de outros povos, e que, como podemos observar, servem ao exercício de muitas questões, sendo a principal delas o efetivo brincar!

Apresentá-los aqui teve como principal objetivo acenar para a diversidade e a riqueza de opções existentes e para as possibilidades de integração de conteúdos. Reforço, porém, a ideia de que nem os brinquedos (que são poucos), nem as sugestões de atividades complementares devem transformar-se em limites para a realização musical.

É muito importante que o educador estimule o brincar musical, atento para ouvir e aproveitar as contribuições trazidas pelas crianças, dispondo-se, ao mesmo tempo, a pesquisar e resgatar – consigo, com seus familiares, com sua comunidade, em publicações e gravações – (muitos!) outros jogos e brincadeiras musicais.

Canções de nossa MPB

Já dissemos que a canção é o gênero musical que funde música e poesia. Assim, existem canções para todos os temas e assuntos, e, em última análise, tudo pode ser cantado! Não custa repetir, entretanto, que é preciso selecionar e escolher com cuidado as canções que pretendemos cantar com nossas crianças, avaliando o texto, a complexidade melódica, o ritmo, o fraseado.

Devemos ampliar o contato das crianças com produtos musicais diversos, o que exige disposição para escutar, pesquisar e ir além do que a mídia costuma oferecer. É importante que as crianças conheçam nossos compositores: Caetano Veloso, Dorival Caymmi, Noel Rosa, Lamartine Babo, Lupicínio Rodrigues, Tom Jobim, Vinícius de Moraes, Edu Lobo, Gilberto Gil, Milton Nascimento, Chico Buarque de Holanda, Jackson do Pandeiro, Luiz Gonzaga, Antonio Madureira, Lenine, Helio Ziskind, Paulo Tatit e Sandra Peres, Antonio Nóbrega e muitos outros, que, mesmo quando não têm a intenção de fazer músicas infantis, aproximam-se do universo da criança, enriquecendo seu conhecimento acerca da produção cultural do país.

No início deste capítulo apresentamos *Canto do povo de um lugar*, de Caetano Veloso, apontando para suas possibilidades de utilização no trabalho musical com as crianças. Vamos indicar mais alguns exemplos, sem a intenção de esgotar o assunto, mas sim com o objetivo de instigar o educador ou educadora a trazer para o cotidiano de seu trabalho mais e melhores alternativas para cantar com as crianças.

MARACANGALHA[29]
Dorival Caymmi

Eu vou pra maracangalha, eu vou
De chapéu de palha, eu vou
De liforme branco, eu vou
Convidar Anália, eu vou
Se Anália não quiser ir eu vou só
Eu vou só,
eu vou só
Se Anália não quiser ir eu vou só
Eu vou só, eu vou só sem Anália, mas eu vou.

Eu vou pra Maracangalha, eu vou
Eu vou de "liforme" branco, eu vou
Eu vou de chapéu de palha, eu vou
Eu vou convidar Anália, eu vou.

Se Anália não quiser ir eu vou só
Eu vou só, eu vou só.

Se Anália não quiser ir eu vou só
Eu vou só, eu vou só sem Anália, mas eu vou.

---

29. *Maracangalha* está gravada no CD *Canto do povo daqui*, São Paulo: Teca – Oficina de Música, 1997, e *Antonio Brasileiro*, de Tom Jobim, entre outras gravações. Copyright ©1956 by Edições Euterpe Ltda.

Cantando *Maracangalha*, as crianças podem ser apresentadas ao compositor baiano Dorival Caymmi, que compôs tantas outras canções fundamentais (*Suíte dos pescadores*, *O vento*, *Marina*, *Ai, que saudades da Bahia...*). Por meio de *Maracangalha* podemos estimular a imaginação e a dramatização: Onde fica Maracangalha? Será longe ou perto de onde eles estavam? E quem será Anália? Será que foi com ele? Será que ele foi só?

As crianças podem questionar, inventar, dramatizar e sonorizar a situação, enriquecendo a interpretação da canção.

PRA MÓ DE CHATEÁ[30]
Tom Jobim

Antonio Carlos Jobim, um dos nossos maiores compositores, também dedicou às crianças algumas de suas composições. *Pra mó de chateá* é uma gostosa brincadeira que costuma divertir as crianças.

As criancinhas a gente tranca no banheiro
Não deixa no terreiro
Que é pra não incomodar.

A gente grande gosta de ficar sozinha
Lá vêm as criancinhas
Que é pra mó de chateá.

Zulmira, Zulmira
Tranca eles no banheiro
Não deixa no terreiro (bis) } bis
Que é pra não incomodar.

E a gente grande a gente tranca no banheiro
Não deixa no terreiro
Que é pra não incomodar.

As criancinhas gostam de ficar sozinhas.
Lá vem a gente grande
Que é pra mó de chateá.

Zulmira, Zulmira
Tranca eles no banheiro
Não deixa no terreiro
Que é pra não incomodar.

---

30. *Pra mó de chateá* integra o CD *Canto do povo daqui*. São Paulo: Teca – Oficina de Música, 1997. Copyright© by Jobim Music Ltda.

A NOITE NO CASTELO[31]
Hélio Ziskind

A noite no castelo
É mal-assombrada
Lá tem um fantasma que faz
uuh uh...
E tem uma bruxa também que faz
áh, áh, áh...
E tem um vampiro também que faz
Fuuuuuuuuuuu...

A canção *A noite no castelo* pode sugerir o desenvolvimento de atividades de dramatização e sonorização. O tema do castelo mal-assombrado costuma envolver as crianças (geralmente as maiores de quatro ou cinco anos) e, assim, pode dar asas à imaginação, desde que não provoque medo nelas.

Além de imitar vocalmente o som das personagens, podemos ampliar o castelo criando novas personagens, imaginando o ambiente sonoro (por exemplo, as badaladas de um relógio antigo, o vento que sopra lá fora, passos de alguém que não se vê, portas rangendo, trovões, ruídos de animais etc.) e explorando materiais (folhas de acetato, chapas de radiografias, papéis, folhas, metais, rói-róis etc.) para sonorizar o ambiente do castelo.

---

31. *A noite no castelo* faz parte do CD *Meu Pé Meu Querido Pé*, de Hélio Ziskind.

MINHA CANÇÃO[32]
Enriquez / Bardotti / Chico Buarque

Dorme a cidade
Resta um coração
Misterioso
Faz-se uma ilusão
Soletra um verso
Lavra a melodia
Singelamente
Dolorosamente.

Doce é a música
Silenciosa
Larga meu peito
Solta-se no espaço
Faz-se certeza
Minha canção
Réstia de luz onde
Dorme o meu irmão.

32. *Minha canção* integra o CD *Os saltimbancos*. Rio de Janeiro: Polygram/Philips, 1993. Copyright© 1977 by Cara Nova Editora Musical Ltda.

Minha canção faz parte de *Os saltimbancos*, fábula musical adaptada, no Brasil, por Chico Buarque, em 1977. É uma obra de extrema poesia e qualidade que pode integrar-se ao trabalho musical com as crianças de muitas maneiras: trabalhando com as canções, dramatizando a história, organizando arranjos instrumentais etc.

Minha canção é uma canção interessante porque apresenta também as notas musicais (dó, ré, mi, fá, sol, lá, si). A letra da canção foi construída com o cuidado de fazer coincidir a primeira sílaba de cada frase com o nome da nota musical, de acordo com a escala.

A escala musical é a organização sucessiva dos sons. Quando cantamos *Minha canção*, estamos cantando também a escala diatônica de dó maior, realizando um movimento ascendente (do grave para o agudo) na primeira parte, voltando do agudo para o grave na segunda parte (movimento descendente).

Ouça com atenção a melodia e procure notar a mudança das notas em cada frase. Cante também só com o nome da nota (dó / ré / mi).

Com base na interpretação da canção, pode ser interessante introduzir as notas musicais. Se vocês tiverem um xilofone (instrumento de percussão com lâminas de madeira afinadas sobre a escala de dó), poderão tocar *Minha canção* e inventar ou descobrir outras melodias.

HAVIA UM PASTORZINHO

Havia um pastorzinho, canção da cultura popular, é outro exemplo de canção que utiliza o nome das notas musicais.

Havia um pastorzinho
Que andava a pastorar
Saiu de sua casa
E pôs-se a cantar:

Dó - ré - mi - fá - fá - fá
Dó - ré - dó - ré - ré - ré
Dó - sol - fá - mi - mi - mi
Dó - ré - mi - fá - fá - fá

Chegando ao palácio
A rainha lhe falou
Alegre pastorzinho
O seu canto me agradou.

Dó - ré - mi - fá - fá - fá...

Que sugestões você tem para trabalhar com essa e outras canções?

Inventando canções

Inventar canções também pode ser interessante e divertido!
A partir dos três ou quatro anos, as crianças costumam inventar canções. Na maior parte dos casos elas improvisam, cantando e contando histórias, casos etc. Algumas vezes, no entanto, podem fixar e repetir muitas vezes a mesma "invenção". É importante estimular a atividade de criação, e, a princípio, é preferível deixar que a criança invente – letra e melodia – sem a interferência do adulto. Podemos, no entanto, sugerir temas (como, por exemplo, algum assunto que o grupo esteja estudando) ou ajudar a organizar as idéias das crianças (quando estão inventando juntas), com o cuidado de não conduzir a composição para o modo adulto de perceber e expressar.

Uma boa ideia consiste em compor uma melodia para cada criança do grupo: as canções com nomes. Fazendo uma rima (ou não) com o nome de cada criança, podemos criar linhas melódicas simples, geralmente estruturadas sobre o intervalo de terceira menor (sol-mi) ou pelos graus vizinhos. O mais importante é respeitar o interesse e o significado que poderá ter a canção para cada criança, pois essa atividade, além de constituir um exercício criativo, é uma maneira especial de valorizar cada integrante do grupo. Em meu trabalho com crianças de três a seis anos, as canções com nomes estão sempre presentes e são nossos cartões de visita. Sempre que recebemos alguém – um aluno novo, um estagiário –, apresentamo-nos cantando as canções para, em seguida, inventarmos uma canção para o visitante, momento em que, geralmente, todos se empenham em colaborar com ideias e sugestões, aceitas ou não pelo dono do nome.

As crianças de três e quatro anos não se importam com a rima, que ainda não representa um valor para elas, que preferem assinalar fatos ou coisas que têm importância em suas vidas, ou, ainda, dar asas à imaginação, sempre dispostas, também, a mudar sua canção. Num grupo de crianças de quatro anos, por exemplo, estávamos inventando canções e, para o Daniel, criamos:

Daniel, Daniel
Gosta muito de comer pastel.

Chegou, então, a vez do João, e todos deram ideias e sugestões.
"O que combina com João?", perguntei.
"Feijão, grandão, camarão...", responderam.
Surgiram muitas rimas, mas João preferiu sua canção assim:

João, João
Também gosta de comer pastel!

Tomás, de três anos e meio, trocou sua canção várias vezes. A original dizia assim:

Tomás, Tomás
Gosta muito de comer feijão.

Depois dessa versão, tivemos:

Gosta muito de brincar com o pai;
Gosta muito de nadar no mar;
Gosta muito de comer leão;
Gosta muito de usar prancha de surfe.

As canções com nomes, em sua simplicidade, têm um grande valor para nós. Do ponto de vista do relacionamento humano, contribuem, como já apontei, para que se estabeleça um contato afetivo e efetivo entre todos, que se envolvem com o outro, ajudando-o a criar, e não esquecem cada canção, que é um bem coletivo. Do ponto de vista musical, essa prática assenta, desde o início do trabalho, uma postura que habilita cada um dos participantes do grupo a criar, ter ideias, dar sugestões etc. Reunimo-nos para fazer música, o que implica conhecer e "curtir" criações alheias, mas também criar a nossa própria música.

Também é possível compor canções mais elaboradas com crianças, desde que haja um ambiente de trabalho em que crianças e adultos compartilhem experiências e vivências, numa interação harmoniosa. Cabe ao adulto auxiliar as crianças a organizarem suas idéias, colaborando, caminhando junto, opinando, sem impor nem decidir, mas sim respeitando o produto final, que deve ser coletivo.

A história do ratinho

A *história do ratinho*, por exemplo, foi uma composição que surgiu numa aula em que Constança trouxe um ratinho de corda. Ela participava de um grupo de musicalização com crianças de três a quatro anos. Costumávamos cantar bastante, improvisar e inventar músicas.

Naquele dia, o ratinho fez sucesso: ele corria de um lado para outro, batia nos móveis, girava o rabinho, divertindo a todos. Quando, por fim, o ratinho "sossegou", fizemos nosso círculo e sentamos no chão, como costumamos fazer, para conversar um pouco, ouvir as novidades, cantar.

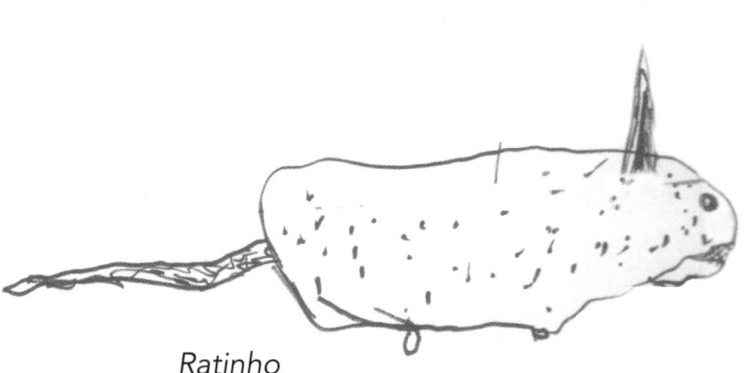

Ratinho
Gabriel 5 anos

Então, perguntei ao grupo se alguém sabia cantar alguma canção que falasse de ratinhos, e Gabriel logo sugeriu que inventássemos uma.

"Boa ideia!", respondi. "Mas como?"

Ele, então, saiu cantando:

Era um ratinho que andava, que andava...

Seu canto fluiu naturalmente, definindo não só a primeira frase, mas o desenho básico da melodia. A partir daí, todo o grupo se envolveu na construção da canção, que, primeiro, descreveu o brinquedo, com suas propriedades reais, e depois deu asas à imaginação, integrando até mesmo os conhecimentos que as crianças já tinham sobre os roedores: onde moravam, o que comiam, a eterna perseguição do gato etc.

Trabalhamos juntos até a definição da canção, pois, como é natural nessa idade, o grupo foi aumentando o caso, incluindo muitas comidas para o ratinho, para o gato e o cachorro... Chegar a uma forma equilibrada e fácil de memorizar por todos foi uma conquista coletiva, com a minha ajuda. Eu conversava com eles a esse respeito, até que concluíram que a música estava muito comprida e que não era preciso falar tanta coisa!

A HISTÓRIA DO RATINHO

Era um ratinho que andava, que andava
Era um ratinho que rodava, que rodava
Era um ratinho que batia nas coisas
Ele era branquinho e girava o rabinho.

Morava numa casa que ficava na parede
Comia muito queijo e também muitas frutas
Mas um belo dia apareceu um grande gato
Que mordeu o rabo do rato, então o rato fugiu.

E assim acaba a história
Do ratinho branco
Que a Constança trouxe aqui
Pra gente conhecer.

E assim acaba a história
Do ratinho branco
Que a Maria Eduarda trouxe aqui
Pra gente conhecer.

Observação: Alguns dias depois, Maria Eduarda levou à escola um ratinho igual ao da Constança – foi nesse momento que seu nome passou a integrar a letra da canção.

Uma análise da canção confirma características próprias à faixa etária das crianças: intuitivamente, Gabriel cantou, integrando letra e música e revelando, ao mesmo tempo, seu conhecimento sobre essa forma que é a canção. Sua frase, com uma repetição no final (*Era um ratinho que andava, que andava...*), é um recurso muitas vezes presente em canções. Por outro lado, em sintonia com a faixa etária das crianças, a melodia quase não se transformou, conservando o perfil melódico e rítmico, apenas variando os finais das estrofes. Na primeira estrofe, a melodia termina ascendentemente (indo para o agudo) e, nas outras, ela tem um caráter de conclusão, o que também é interessante, pois, quando dizem "então o rato fugiu", cantam como se estivessem terminando, uma vez que, na verdade, aí acaba a história. A estrofe seguinte apenas o reitera!

A *história do ratinho*, conforme o relato acima, foi um trabalho que envolveu todo o grupo. Foi a primeira composição com um efetivo sentido de permanência, que todos sabem cantar e não esquecem e, o que é mais importante, que se coloca ao lado de outras canções que o grupo aprende a interpretar, sabendo que foram criadas por outros compositores, ainda que não os conheçam.

"Compositor é quem 'composiciona' a música", disse-me uma criança do grupo!

"É quem faz a música", completou outra criança.

O burro Barnabé

A criação de *O burro Barnabé* também pode ajudar a refletir sobre os processos de composição das crianças na etapa da educação infantil. Neste caso, o ponto de partida foi a sonorização da história que narra a disputa entre o burro Barnabé e um caminhoneiro (batizado, pelas crianças, de "seu Mané") para chegar à feira onde pretendem vender flores.[33] No meio do caminho, acontecem muitas coisas: acaba a gasolina do caminhão, chove, fura o pneu, o sol esquenta muito, cansando o burrinho, o caminhão quebra etc.

Após o trabalho de sonorização, sugeri ao grupo, que era formado por crianças de cinco e seis anos, a invenção de uma canção que contasse a história da corrida entre seu Mané e o burro Barnabé. Também dessa vez uma criança – Léo – se antecipou e saiu cantando:

> *O caminhãozinho vinha andando pela estrada*
> *Quando o burrinho passou na frente,*
> *Quando o burrinho passou na frente.*

Léo também integrou letra e música, formando, imediatamente, um todo.

"Está muito bom esse começo", eu disse. "Como a gente pode continuar?"

> *O caminhão era do seu Mané, e o burrinho era o Barnabé*
> *O caminhão era do seu Mané e o burrinho era o Barnabé.*

Essa nova parte foi sugerida por outras crianças, que mantiveram a linha melódica apresentada por Léo, apenas mudando a letra.

"O que mais?", perguntei.

"Mais nada", responderam. "Já está pronta."

Sem se preocuparem em detalhar a história, que já fora sonorizada, as crianças cantaram o essencial, revelando sua capacidade de síntese e, ao mesmo tempo, uma ausência de preocupação com o desenvolvimento da narrativa.

A melodia de *O burro Barnabé* lembra algumas modas de viola e revela também, como as experiências anteriores, que os conhecimentos das crianças se manifestam e se transformam em criações, como ocorre com todos nós.

---

33. A história "A corrida" faz parte do livro *O burro Barnabé*, só com imagens.

O BURRO BARNABÉ

*O caminhãozinho vinha andando pela estrada
Quando o burrinho passou na frente,
Quando o burrinho passou na frente.
O caminhão era do seu Mané
E o burrinho era o Barnabé.* } bis

Gasparzinho

Um último exemplo aponta para outra possibilidade de exercício criativo: a parceria. Podemos criar tanto música para poesias quanto letras para músicas já existentes, caso específico de *Gasparzinho*.

Estávamos trabalhando com uma *berceuse*, melodia tradicional francesa. As crianças, com idades entre cinco e sete anos, escutaram, testaram suas hipóteses para descobrir como a melodia se construía, tocaram nos xilofones e metalofones, até que decidimos inventar uma letra para ela. Definir o tema não foi difícil, pois o grupo andava muito envolvido e mesmo impressionado pela presença do Gasparzinho, que toda semana vinha nos visitar, abrindo a porta de mansinho durante a aula! (Pelo menos, era nisso que todos acreditavam quando a porta se abria sozinha.)

GASPARZINHO[34]

Já vem, já vem lá Gasparzinho vai chegar.
Já vem, já vem lá Gasparzinho já.
E - le é le - gal,
Ca - ma - ra - da e não faz mal.

Já vem, já vem lá
Gasparzinho vai chegar.
Já vem, já vem lá
Gasparzinho já.
Ele é legal
Camarada e não faz mal.

---

34. *A história do ratinho, O burro Barnabé e Gasparzinho* integram o CD *Nós que fizemos*. São Paulo: Teca – Oficina de Música, 2001.

> **OBSERVE**
>
> - Você tem registros de criações musicais das crianças com quem trabalha?
> - Já observou se elas costumam cantar sozinhas enquanto desenham ou brincam?
> - Muitas vezes elas inventam canções, e, se essa prática for trazida para o cotidiano do trabalho, vocês, com certeza, formarão um rico repertório de músicas criadas pelas crianças.

Para pesquisar

ALMEIDA, M. B. S. *Fax musical*, módulos 1 a 4. Apostila do autor.

ANDRADE, M. *Melodias do boi e outras peças*. São Paulo: Duas Cidades, 1987.

—. *Cocos*. São Paulo: Duas Cidades, 1984.

—. *Danças dramáticas do Brasil*. Belo Horizonte: Itatiaia, em convênio com o Instituto Nacional do Livro, Fundação Nacional Pró-Memória, Brasília, 1982.

BEHLAU, M.; DRAGONE, M. L.; FERREIRA, A.; PELA, S. *Higiene vocal infantil – Informações básicas*. São Paulo: Lovise, 1997.

CAYMMI, D. *Cancioneiro da Bahia*. São Paulo: Livraria Martins, 1947.

CARVALHO, A.; CARVALHO, D. *Como se cantava antigamente*. Belo Horizonte: Editora Lé, 1987.

GAINZA, V. H. *Juegos de manos, 75 rimas e canciones tradicionales con manos y otros gestos*. Buenos Aires: Guadalupe, 1996.

GARCIA, R. M.; MARQUES, L. A. *Brincadeiras cantadas*. Porto Alegre: Kuarup, 1988.

– *Jogos e passeios infantis*. Porto Alegre: Kuarup, 1991.

HEYLEN, J. *Parlenda, riqueza folclórica*. São Paulo: Hucitec, 1987.

JEANDOT, N. *Eu solfejo, cantando as canções de minha terra*. São Paulo: Irmãos Vitale, 1972.

LIMA, R. T. *Abecê do folclore*. São Paulo: Ricordi, 1972.

MELO, V. de. *Folclore infantil*. Belo Horizonte: Itatiaia, 1985.

NOVAES, I. C. *Brincando de roda*. Rio de Janeiro: Agir, 1983.

PAZ, E. A. *500 canções brasileiras*. Rio de Janeiro: Luis Bogo, 1989.

REAM, A. *Um estudo sobre a voz infantil*. Rio de Janeiro: Metodista, 1956.

RODRIGUES, J. P. *Cantigas de roda*. Porto Alegre: Magister, 1992.

SCHAFER, R. M. *O ouvido pensante*. Trad. Marisa T. de O. Fonterrada, Magda R. G. da Silva, Maria Lucia Pascoal. São Paulo: Editora Unesp, 1991.

VILLA-LOBOS, H. *Guia prático – Estudo folclórico musical*. São Paulo: Irmãos Vitale, 1941.

WILSON, K. *Problemas de voz em crianças*. São Paulo: Manole, 1993.

Integrando som e movimento

A importância das atividades que envolvem som e movimento já foi mencionada neste trabalho. Dissemos que som é movimento, gesto, e, por isso, nada mais claro do que sua integração com o movimento corporal.

> *"A realização musical implica tanto gesto como movimento porque o som é também gesto e movimento vibratório, e o corpo traduz em movimento os diferentes sons que percebe. Os movimentos de flexão, balanceio, torção, estiramento etc. e os movimentos de locomoção, como andar, saltar, correr, saltitar, galopar etc., estabelecem relações diretas com os diferentes gestos sonoros."*
> **(RCNEI, vol. 3, 1998, p. 61)**

É fato indiscutível que o ritmo se apreende por meio do corpo e do movimento. Partir dos movimentos naturais dos bebês e crianças, ampliando suas possibilidades de expressão corporal e movimento, garante a boa educação rítmica e musical, além de equilíbrio, prazer e alegria, pois o ser humano é – também – um ser dançante. Não é por acaso que, ao apresentarmos um repertório de canções da cultura infantil, mostramos, na realidade, brinquedos musicais que, se envolvem o cantar, envolvem também o movimento.

No contexto da educação musical ocidental do século XX, foi Emile Jaques-Dalcroze (1865-1950) quem primeiro se preocupou com o corpo como meio para o desenvolvimento não só musical, mas também da personalidade das crianças. Ele criou uma disciplina chamada euritmia, sistematizando o trabalho com os conteúdos musicais por meio do corpo, e obteve resultados bastante surpreendentes.

Sugestões de atividades

MOVER-SE DE ACORDO COM O SOM – Produzir diferentes eventos sonoros (sons curtos, longos, suaves, fortes, em blocos, isolados, trêmulos, em movimento ascendente ou descendente etc.) usando materiais diversos: clavas, ganzás, tambores, xilofones etc., assim como objetos sonoros do ambiente, como bater na madeira da porta, raspar na parede, arrastar cadeiras etc. Ao ouvir os sons, as crianças devem movimentar-se, reagindo como se *fossem* os sons. Magicamente, elas se "transformam" em sons.

É importante usar um espaço bem amplo, que permita que as crianças se locomovam e usem o corpo com liberdade, chamando a atenção para algumas qualidades de movimentos que podem ser realizados e, principalmente, valorizando-os como uma busca de integração com os gestos sonoros ouvidos.

Deve-se estimular o movimento da criança, sem, no entanto, estabelecer critérios de certo ou errado, de "faça assim", de melhor ou pior etc.

O jogo de estátua

O JOGO DE ESTÁTUA – Brincar de estátua é um jogo que possibilita a vivência com o som e com o silêncio. Produzindo sons com os instrumentos (neste caso, apresentando diferentes velocidades, intensidades e timbres) ou colocando trechos de gravações alternados com períodos de silêncio, as crianças se movimentam, reagindo corporalmente aos variados estímulos sonoros ouvidos, e "transformam-se" em estátuas quando chega o silêncio.

É interessante trabalhar com diferentes exemplos musicais, com andamento rápido, moderado, lento, com ritmos que sugiram o galope de cavalos, pulos de sapos, o arrastar de cobras etc.

Também convém alternar diferentes fases de som ou silêncio.

A LOJA DE BRINQUEDOS DE CORDA – Outra opção de jogo pode ser *A loja de brinquedos de corda*. Cada criança representa um brinquedo, escolhido livremente. Os brinquedos ficam parados até que chega o dono da loja. Usando um instrumento (reco-reco, por exemplo), ele se aproxima de cada criança tocando, e, então, o brinquedo começa a funcionar. Cada criança-brinquedo movimenta-se como o brinquedo escolhido, acompanhando seu movimento com sons vocais (ou com um instrumento). Quando a corda acaba, o brinquedo para de funcionar (o que acontece aleatoriamente, a critério de cada um), e o dono deve estar atento para colocar o brinquedo novamente em funcionamento.

Esse jogo pode gerar várias outras possibilidades: máquinas, carros, seres de outros planetas, relógios etc.

O JOGO DOS ANIMAIS – As crianças podem mover-se imitando diversos animais, acompanhadas por sons que também podem ser pesquisados por elas. Pulos de sapos, trotar de cavalos, arrastar de cobras, vôo de pássaros, saltos de cangurus, movimentos de macacos, tartarugas, elefantes etc. podem sugerir trabalhos de integração entre música e movimento.

É possível utilizar gravações, como, por exemplo, a obra *O carnaval dos animais*, do compositor francês Camille Saint-Säens (Ver "Escuta sonora e musical", página 187).

MOVIMENTOS DE LOCOMOÇÃO – Andar, correr, pular, saltitar, deslizar, arrastar, engatinhar são movimentos que fazem parte do nosso repertório. Podemos trabalhar com os movimentos de locomoção associando-os a sons: um movimento sonoro para o andar, outro para o correr etc., criando, assim, situações de integração.

Os brinquedos de roda, os jogos rítmicos, as danças folclóricas... enfim, todo brincar da criança que envolve o movimento corporal deve estar sempre presente no dia a dia do trabalho musical.

Para pesquisar

BRASIL. Ministério da Educação e do Desporto. *Referencial curricular nacional para a educação infantil*. v. 3. Brasília: MEC/SEF, 1998.

DALCROZE, E. J. *Le rythme, la musique et l'éducation*. Lausanne: Foetish Fréres, s. d.

LABAN, R. *Danza educativa moderna*. Barcelona: Paidós, 1978a.

—. *Domínio do movimento*. São Paulo: Summus, 1978b.

WALLON, H. A importância do movimento no desenvolvimento psicológico da criança. In: *Psicologia e educação da infância – Antologia*. Lisboa: Estampa, 1975.

Jogos de improvisação

"Improvisar é tocar a música."

"Improvisar é assim, por exemplo, se a gente não tem uma bateria, a gente vai lá e faz uma, arruma uma, sabe?"

"Improvisar pode ser assim: entra um instrumento, depois o outro, depois o outro, até juntar todo mundo."

"Improvisar é inventar uma música na hora, uma música que ainda não existe."

"Isso que eu fiz agora foi uma improvisação, né? Eu sempre improviso. Sabe por quê? Porque eu esqueço qual era o combinado!"

Essas afirmações são comentários feitos por crianças de seis e sete anos sobre o significado de "improvisar". Cada comentário revela o grau de aproximação com o conceito, em sintonia com a experiência musical e com a reflexão das crianças.

Improvisar, num sentido geral, implica criar respostas imediatas para as mais variadas situações da vida cotidiana, por isso tendemos a associar improvisado a provisório, inacabado ou, mesmo, malfeito. Consultando o verbete "improvisar" no *Novo dicionário Aurélio da língua portuguesa*, encontramos:

- fazer, arranjar, inventar ou preparar às pressas, de repente;
- falar, escrever, compor sem preparação, de improviso;
- citar falsamente; falsear (aquilo que não existe);
- discursar ou versejar de improviso;
- mentir levemente;
- adotar dolosamente, ou por necessidade eventual, uma profissão, uma qualidade; arvorar-se em.

Percebe-se logo que o verbete relaciona improvisação a pouca ou nenhuma elaboração, tratando a questão de um modo quase pejorativo. E, embora o verbo improvisar tenha vários sentidos, para improvisar é – sempre – necessário articular o pensamento, as idéias e as ações; conhecer e contar com um repertório de informações a respeito do assunto; estar alerta, animado, com iniciativa e criatividade para relacionar, fazer, inventar. Por exemplo, só um cozinheiro hábil poderá, com poucos ingredientes, improvisar um bom jantar para convidados de última hora, e, de igual forma, só improvisará um bom discurso alguém que, além de contar com um conhecimento razoável da língua, conheça o assunto em pauta e o contexto geral do momento em questão.

Improvisar envolve uma série de capacidades, não se limitando a realizações superficiais, sem planejamento ou organização.

E o que significa, então, improvisar musicalmente?

Ao improvisar, o músico estabelece critérios baseados em referenciais externos e internos. Com base em suas experiências, ele seleciona o material com que irá trabalhar (fontes sonoras, tema, modo, escala...); durante a improvisação, surgem ideias musicais que se transformam e amadurecem. Para Koellreutter, a improvisação é a "realização musical que deixa margem a interferências que não estão predeterminadas" (H.-J. Koellreutter, 1987).

Improvisar é um dos modos de realização musical, ao lado da interpretação e da composição. Presente em todas as culturas musicais, a improvisação está intimamente ligada à tradição musical oral, que independe da notação e não tem como meta a perpetuação, mas sim a comunicação imediata. A música classificada como erudita, produzida no mundo ocidental a partir do século XVII, passou a privilegiar a composição escrita, valorizando sobremaneira o compositor e o intérprete e deixando, assim, a improvisação para o domínio da música popular. Esse fato se refletiu também nos processos de ensino musical acadêmico, e não é raro, ainda hoje, encontrar instrumentistas que, capazes de interpretar peças musicais complexas, sentem grande dificuldade para improvisar, já que a formação musical privilegiou os aspectos formais, a notação e a interpretação.

Segundo a educadora musical argentina Violeta H. de Gainza, a improvisação é uma forma de jogo-atividade-exercício que permite projetar e absorver elementos ou alimentos musicais numa constante retroalimentação. Seus objetivos gerais seriam permitir que ocorra uma descarga (por meio da ação, manipulação, expressão, comunicação) nos níveis corporal, afetivo, mental e social e que o improvisador:

- incorpore e metabolize sensações, experiências, conhecimentos;
- desenvolva hábitos, habilidades, memória, imaginação, capacidade de observação e imitação;
- adquira sensibilidade, consciência, segurança e confiança em si mesmo e em suas possibilidades.

Gainza também salienta o fato de que toda improvisação supõe um ato expressivo de comunicação, ainda que não conduza necessariamente a um produto sonoro coerentemente estruturado, ou seja, uma composição. Na improvisação existem distintos graus de intenção ou de consciência que nem sempre condicionam a qualidade do produto, já que uma improvisação – livre ou dirigida – pode ser criativa ou pobre, bem ou mal estruturada (V. H. Gainza, 1983).

E qual o sentido da improvisação no processo de educação musical? Que lugar ela deve ocupar no contexto das atividades que são desenvolvidas? Quando pode (ou deve) ser introduzida, e por quê?

A improvisação deve ser entendida como uma ferramenta pedagógica importante, que acompanha todo o processo de educação musical. Desde os primeiros meses de vida, os bebês exploram sons vocais, improvisando linhas e desenhos melódicos. Eles estabelecem jogos de comunicação com os adultos, respondendo aos estímulos sonoros que percebem, e assim desenvolvem os recursos necessários à expressão por meio da linguagem e também da música. E, se improvisam quando começam a falar, construindo frases, inventando palavras, isso pode ocorrer também com a expressão musical.

Para Hans-Joachim Koellreutter, a improvisação deve ser o principal condutor das atividades pedagógico-musicais. Ele adverte, porém, que "nada deve ser tão preparado como uma improvisação", alertando para a confusão entre improvisar e "fazer qualquer coisa" (o que ele chama de "vale-tudismo"). Koellreutter enfatiza também a ideia de que toda improvisação, no contexto da educação, deve atender a objetivos musicais e humanos, especialmente porque, para ele, o grande objetivo da educação musical tem de ser a formação da personalidade do aluno. Desse modo, se um jogo de improvisação pode servir ao desenvolvimento rítmico, por exemplo, precisa desenvolver também capacidades humanas como a concentração, a autodisciplina, o trabalho em equipe, a criatividade, a memória e o senso crítico, entre outras questões.

Os jogos de improvisação constituem um dos principais condutores do processo pedagógico-musical na etapa da educação infantil. Como ações intencionais que possibilitam o exercício criativo de situações musicais e o desenvolvimento da comunicação por meio da linguagem musical, os jogos garantem às crianças a possibilidade de vivenciar e entender aspectos musicais essenciais: as diferentes qualidades do som, o valor expressivo do silêncio, a necessidade de organizar os materiais sonoros e o silêncio no tempo e no espaço, a vivência do pulso, do ritmo, a criação e a reprodução de melodias, entre outros aspectos.

Por meio dos jogos de improvisação, as crianças se expressam musicalmente e dão aos educadores a oportunidade de observar e analisar como elas ouvem e percebem, como se relacionam com os materiais sonoros, se criam melodias, se mantêm um pulso regular, se exploram diferentes níveis de intensidade do som etc. Os jogos podem ser desenvolvidos com materiais variados: os instrumentos confeccionados pelas crianças, os materiais disponíveis (não só os instrumentos musicais, mas todo e qualquer material que possa produzir sons), os sons do corpo e da voz.

A improvisação musical das crianças no estágio da educação infantil privilegia conteúdos sensório-motores e simbólicos, revelando a relação expressiva que elas estabelecem com os diferentes sons e músicas.

A discussão sobre sentido e significado musical é questão de grande importância e objeto de muitos estudos e teorias estéticas e da informação: o que a música comunica, o modo como os seres humanos se relacionam com os diferentes eventos sonoros e a sua organização em linguagem têm sido objeto de análises e pesquisas. A relação que as crianças estabelecem com o universo sonoro revela as mesmas questões. A criança, em sintonia com seu modo de perceber, expressar e comunicar, transporta sons e músicas para seu mundo da imaginação e do faz-de-conta. Por isso, a sua improvisação é também jogo simbólico. E enquanto improvisam, transformando em trotar de cavalos o timbre dos cocos ou dos *woodblocks*, em leões ferozes os tambores, as crianças desenvolvem e estabelecem relações com a linguagem musical, aprendendo a produzir, escutar e reconhecer sons e silêncios, com suas qualidades e características próprias, ordenados de modo a criar formas sonoras. Assim, encaminham a experiência musical para níveis mais elaborados, adquirindo fluência e conhecimento.

A improvisação musical das crianças é seu modo de brincar e de comunicar-se musicalmente, traduzindo em sons seus gestos, sentidos, sensações e pensamentos, simbolizando e sonorizando, explorando e experimentando, fazendo música, história, faz-de-conta, jogo...

Relatos de experiências

SINAL VERDE, SINAL VERMELHO

Artur, Rodrigo, Paula, João e André têm três anos e fazem parte de um mesmo grupo. Numa das rodas de música, puderam explorar instrumentos musicais como tambores, chocalhos, sinos, reco-recos etc. Experimentaram diversos modos de ação para tocar, produzindo timbres variados (por exemplo, tocaram o tambor usando baquetas, depois percutindo com as mãos, com a ponta dos dedos etc.), diferentes intensidades, comparando os gestos usados para produzir os sons: batendo (o tambor), raspando (o reco-reco), sacudindo (o chocalho).

De repente, Rodrigo anunciou, raspando o reco-reco:

"Eu sou uma moto. Posso correr muito, mas também posso ir devagarinho!"

E continuou tocando o reco-reco, acompanhando com a voz os sons do "motor" de sua moto. Então, João, que tocava tambor, disse que era um caminhão, inspirado, talvez, pelo som mais grave produzido por seu instrumento. Pedi-lhe que mostrasse o caminhão em funcionamento, e ele rapidamente apresentou várias possibilidades sonoras: raspou a pele do tambor com as unhas, insinuando estar dando a partida, percutiu a pele com uma baqueta para indicar o motor em funcionamento, mudou a velocidade, acelerando e depois ficando mais lento, brecando de repente (com uma batida da baqueta na caixa de madeira do tambor).

A partir daí sugeri que cada criança escolhesse o meio de transporte que gostaria de ser. Não demorou para que tivéssemos na sala um Gol, uma moto, um caminhão, um cavalo, um ônibus, um táxi, um jipe etc.

Após a fase do trabalho em que cada um explorou as possibilidades de toque, introduzi dois novos elementos: o sinal verde (representado sonoramente por um triângulo) e o sinal vermelho (representado por um apito), aproveitando a situação criada no grupo para o desenvolvimento de um jogo de improvisação.

Sinal verde, sinal vermelho trabalhou com as crianças a questão fundamental do contraste entre o som e o silêncio, matérias-primas da linguagem musical. Quando ouviam o triângulo, "davam a partida", começando a tocar, e paravam quando soava o apito.

O jogo prosseguiu num ir-e-vir, envolvendo positivamente todos no grupo, que se mantinham atentos para ouvir os diferentes sinais enquanto exercitavam os diversos toques e modos de produção do som que continuavam explorando em seus instrumentos. Eu alternava a duração de cada fase: uma longa fase de sinal verde, uma outra muito curta, um longo sinal vermelho etc. As crianças experimentavam a sensação de expectativa, ouvindo e sentindo o silêncio, começando a perceber e entender a necessidade de ordenar o material sonoro e o silêncio para fazer música.

No decorrer do jogo, elas quiseram trocar entre si os instrumentos musicais (e os respectivos papéis). Foi então que Artur pediu para tocar triângulo, pois queria ser o sinal verde. Paula, por sua vez, pediu para ser o sinal vermelho, passando a tocar o apito. O jogo ficou, então, mais interessante, pois agora as crianças é que determinavam a duração de cada fase (som/silêncio). Tentavam pegar de surpresa os amigos, sendo duros com aqueles que não paravam na hora certa e sugerindo, até, que fossem "multados"!

Gravamos uma fase do exercício e, após a realização musical, exercitamos a escuta, procurando ouvir atentamente nosso trabalho, fazendo comentários sobre os diferentes toques, os momentos de parada ou partida etc. Também trabalhamos corporalmente, utilizando a própria gravação: as crianças movimentavam-se pela sala ou paravam como estátuas, seguindo as fases de som e silêncio da improvisação, assim como as diferenças de velocidade e intensidade do som.

A BRINCADEIRA DO RIO

"Vamos fazer a brincadeira do rio?"

Assim Maurício pediu que repetíssemos um jogo de improvisação muitas vezes presente em nossas aulas.

O chefe da turma indica o caminho que levará todo o grupo à beira do rio e, como o conhece bem, aperta o passo quando sabe que é possível, ou então segue mais devagar e cautelosamente quando há perigo por perto. Para de repente quando chega à margem do rio. Quem não parar cai no rio (de água gelada e cheinho de jacarés)!

Todo o grupo tocava claves, e Maurício comandava o passeio: tocava suave, depois forte, mudava a velocidade e, de repente, parava. O grupo o acompanhava, imitando-o e parando quando ele parava.

O grupo de Maurício era formado por crianças de quatro anos de idade. *A brincadeira do rio* era um de nossos jogos de improvisação, e por meio dele trabalhávamos com questões musicais como experimentar diferentes pulsos ou ritmos, sons fracos ou fortes, explorar timbres etc. (com as claves, por exemplo, podíamos experimentar diversas maneiras de produzir sons), além de exercitar a nossa capacidade de concentração e atenção.

A brincadeira do rio pode ser realizada com diferentes materiais: sons corporais (batidas de palmas, pés, pernas), a voz, diversos instrumentos musicais (tambores, xilofones, reco-recos, sinos, chocalhos, blocos de madeira etc.), copos de plástico (percutidos no chão, um no outro), latas, caixas de papelão e outros objetos.

No princípio, é interessante que o orientador ou orientadora do grupo "comande" o passeio, aproveitando esse momento para apresentar os diferentes pulsos, ritmos, velocidades, intensidades e durações de cada fase (som ou silêncio). Todos se divertem com as paradas inesperadas e ficam também apreensivos e atentos quando o silêncio demora muito a chegar. Para alguns, o mais divertido é, sem dúvida, mergulhar no rio, ou seja, transgredir o combinado!

Depois de conduzir o passeio algumas vezes, convido-os a serem os "chefes". É quando observo como cada "criança-chefe" percebeu e traduziu para seu jeito de expressar os modos de ação e possibilidades sonoras: tocando com uma ou duas baquetas (quando usamos xilofones), alternada ou simultaneamente, repetindo ou variando pulsos, criando ritmos, preocupando-se com a duração de cada fase de modo a provocar surpresa e expectativa, tocando forte ou suave.

Também é possível agregar movimento corporal à *Brincadeira do rio*; neste caso, o "chefe" toca um instrumento enquanto o grupo se movimenta (como no jogo de estátua) ou, ainda, se há a possibilidade de contar com um gravador para registrar a improvisação musical das crianças, pode-se utilizar a gravação como guia para a realização corporal.

O movimento, respondendo aos estímulos sonoros propostos, constitui novo exercício de percepção, reunindo gesto sonoro e corporal.

O ESTOURO DA PIPOCA[35]

Quinta-feira, nove e meia da manhã: Miguel, que tem quatro anos, chega para a aula trazendo um saquinho de pipoca.

"Isso é hora de comer pipoca?", perguntei.

Mas as pipocas, que dividimos e comemos, transformaram-se em tema para um exercício de improvisação.

"Quem sabe fazer pipoca?", voltei a perguntar.

Depois de muita conversa, surgiu *O estouro da pipoca*, um jogo de improvisação.

Colocamos o óleo, o milho e o sal na panela. Mexemos. Ouvimos, então, o primeiro estouro, logo outro, mais um, outro ainda... até que toda a panela começou a pipocar!

Pesquisamos os timbres e os modos de ação mais adequados à

---

35. O jogo de improvisação *O estouro da pipoca* está documentado no CD *Canto do povo daqui*. São Paulo: Teca – Oficina de Música, 1997.

realização do trabalho, misturando ganzás, chocalhos construídos pelas crianças e *woodblocks*. Na lousa, um desenho registrava as diferentes etapas da improvisação: os grãos de milho caindo, sendo mexidos, os primeiros estouros... montes de pipocas! Como uma espécie de "partitura", o desenho servia de roteiro para o desenvolvimento da improvisação.

Por meio desse jogo, o grupo (formado por crianças de três e quatro anos) trabalhou com várias questões:

- exploração dos materiais sonoros disponíveis na sala;
- construção de chocalhos e ganzás utilizando diferentes materiais (latas de refrigerante e bandejas de isopor);
- pesquisa de diversos gestos e modos de ação para sonorizar as partes da improvisação (o milho caindo na panela, sendo mexido, os primeiros estouros, os muitos estouros etc.);
- com os materiais escolhidos, e definido o modo como tocariam, as crianças, na realização da improvisação, vivenciaram outro aspecto musical importante: a transformação da densidade. (A densidade diz respeito ao maior ou menor número de sons num determinado lapso. O estourar das pipocas, começando com um estouro aqui, outro ali, para, aos poucos, estourar toda a panela, é, musicalmente, um exemplo da transformação da densidade: de poucos sons a muitos sons);
- acima de qualquer aspecto, as crianças vivenciaram, por meio desse jogo, a necessidade da organização do material sonoro para fazer música, o que elas realizaram por meio do jogo simbólico, do brincar.

Dessa vez também gravamos nossa improvisação musical várias vezes. Todos ouviram com atenção, dando opiniões e sugestões:

"Não está parecendo pipoca. Parece chuva!", disse Miguel.

"É porque o Gabriel tocou muito, muito forte e estourou tudo de uma vez só!", respondeu Andrea.

"Mas também não pode demorar muito", defendeu-se Gabriel.

Ouvindo os comentários, análises e sugestões do grupo, refazíamos o trabalho, gravando-o novamente, para mais uma escuta e, conseqüentemente, um novo exercício de percepção e análise.

Para ampliar nossa experiência musical, integramos à improvisação instrumental a parlenda *Pula pipoca, Maria Sororoca*, e com ela trabalhamos vocal e corporalmente. Ao lado do trabalho corporal sugerido pela parlenda, utilizamos também a gravação de nossa improvisação para transformar a sala em uma grande "panela", e o grupo, em pipocas que pulavam guiadas pelo som e pela nossa imaginação!

SOL E CHUVA, CASAMENTO DE VIÚVA[36]

Num dia de sol, eu passeava pela rua quando, de repente, senti um pingo d'água molhar meu braço.

Será que vai chover?, pensei. Não demorou e senti outro pingo... e mais outro...

Ouvi um trovão ao longe... depois outros, cada vez mais perto... e então corri, pois era a tempestade chegando!

E, depois do temporal, o sol voltou a brilhar!

Vamos transformar essa situação em música?

Sol e chuva, casamento de viúva é um jogo de improvisação que trabalha prioritariamente com o contraste entre timbres e com a transformação da intensidade e da densidade do som.

O sol, os pingos da chuva, o trovão, os raios e a chuva forte foram interpretados por instrumentos escolhidos coletivamente. Sol: guizos e flautas de êmbolo; trovão: zabumba; raio: *vibraslapt* (queixada); pingos da chuva: blocos de madeira; chuva: ganzás e paus-de-chuva.

Integramos ao jogo as parlendas *Sol e chuva, casamento de viúva*, com a qual trabalhamos ritmicamente, e *Santa Clara clareou*, que cantamos.

SOL E CHUVA, CASAMENTO DE VIÚVA

Sol e chu-va, ca-sa-men-to de vi - ú- va. Chu-va e sol, ca-sa -men-to de es-pa-nhol.

Sol e chuva, casamento de viúva;
Chuva e sol, casamento de espanhol.

---

36. O jogo de improvisação *Sol e chuva, casamento de viúva* está documentado no CD *Canto do povo daqui*. São Paulo: Teca – Oficina de Música, 1997.

SANTA CLARA CLAREOU

San - ta Cla - ra cla - re - ou. São Do - min - gos a - lu - mi - ou. Sai, chu - va, vem sol. Sai, chu - va, vem sol.

Santa Clara clareou,
São Domingos alumiou.
Sai, chuva; vem, sol.
Sai, chuva; vem, sol.

DICAS

- São muitos os elementos que podem e devem ser transformados em jogos de improvisação. Situações interessantes, como uma história ou uma novidade trazida por uma criança, um tema que esteja sendo pesquisado (o fundo do mar, as formigas, os meios de transporte), um livro, inúmeras coisas podem ser motivos para a criação de jogos de improvisação musical. O mais importante é que, por meio deles, fazemos música junto com as crianças, de modo sensível, criativo e reflexivo, trabalhando com elementos da linguagem musical em contextos significativos, que favoreçam a construção do conhecimento musical.

- Os jogos de improvisação musical podem ser desenvolvidos com materiais variados: instrumentos musicais, instrumentos e objetos sonoros feitos pelas crianças, caixas, copos, os sons do corpo, da voz etc.

- Convém lembrar também que os jogos de comunicação musical que estabelecemos com bebês e crianças menores (de até dois anos) são, de certa forma, precursores dos jogos de improvisação, como aqueles que apresentamos aqui. Estimular uma comunicação sonoro-musical, seja cantando, seja tocando um instrumento, atentos às respostas do bebê, para então imitar, variar, inventar é uma maneira de estabelecer um jogo de improvisação.

Sonorização de histórias

A importância da história no cotidiano das crianças é inquestionável. Ouvindo e, depois, criando histórias, elas estimulam sua capacidade inventiva, desenvolvem o contato e a vivência com a linguagem oral e ampliam recursos que incluem o vocabulário, as entonações expressivas, as articulações, enfim, a musicalidade própria da fala.

Também sabemos que, mesmo para os bebês e crianças pequenas, é importante ouvir alguém que conta ou narra algo, independentemente do significado semântico.

E a história também pode tornar-se um recurso precioso do processo de educação musical. O faz-de-conta deve estar sempre presente, e fazer música é, de uma maneira ou de outra, ouvir, inventar e contar histórias!

De que forma podemos transformar o trabalho com as histórias em situações de exercício musical?

O primeiro passo é procurar tornar mais expressivas e sonoras as histórias que contamos às crianças, ainda que seja usando apenas a voz. Como?

Narrando a história com voz clara e limpa, valorizando cada parte por meio de mudanças de entonação: usando a voz em seu registro mais grave ou mais agudo, dependendo da situação, com maior ou menor intensidade, variando a velocidade da narrativa ou das palavras etc. Esses aspectos enriquecem a interpretação e chamam a atenção dos bebês e crianças para a diversidade sonora e expressiva, assim como para a riqueza de possibilidades de exploração da voz!

Tomando como exemplo a tradicional história *Chapeuzinho vermelho*, como é possível interpretar as vozes da menina, de sua mãe, da vovó, do lobo e dos caçadores? E como sugerir, vocalmente, os momentos tensos que antecedem o ataque do lobo ou a alegria de descobrir a avó viva em sua barriga?

Ouvindo histórias contadas expressivamente, as crianças também desenvolvem essa atitude e o modo de se expressar.

SUGESTÕES

- Lembre-se de olhar as crianças nos olhos e também de se expressar facialmente ao contar uma história.

- Conte pequenas histórias ou situações falando baixinho, quase cochichando.

- Alterne fases com pouco volume (som fraco) e outras com maior volume, cuidando para nunca gritar.

- Compartilhe com as crianças maiores de três anos a oportunidade de contar pequenas histórias. Estimule-as a inventar e também a reproduzir aquelas que elas já conhecem.

Contar histórias usando a voz, o corpo e/ou objetos

Contar histórias pode ser uma atividade ainda mais rica e envolvente se utilizarmos a voz, o corpo ou outros objetos para ilustrar sonoramente a narrativa. É o caso, por exemplo, de imitar o ranger de uma porta, o canto do galo, o trote dos cavalos, uma pedra caindo na água, o rugido de um leão etc.

O educador ou educadora pode contar e sonorizar sua história ou realizar a atividade com a ajuda das crianças, quando isso é possível. Convém analisar previamente a história com a qual se pretende trabalhar, para valorizar e destacar os momentos mais importantes, sendo preferível trabalhar com histórias não muito longas, com textos simples, que permitam que se dê atenção à sonorização.

Podemos pesquisar e experimentar os mais diversos sons vocais: imitar as vozes de animais, o barulho da água, do trovão, o som de instrumentos musicais, o ruído de portas abrindo ou fechando, o ronco de motores... Também podemos explorar os sons produzidos com o corpo: batendo palmas de diferentes maneiras (palmas abertas, em forma de concha, com a ponta dos dedos na palma, com suavidade, com força), batendo nas pernas, no peito, batendo pés, produzindo estalos...

O uso de sons corporais é muito adequado às situações que sugerem movimentos de locomoção, como ocorre no exemplo que segue:

> *Um homem vinha andando calmamente pela rua (**batidas na perna, com velocidade moderada**) quando avistou, do outro lado, um cavalo que vinha trotando (**reproduzir o trotar do cavalo batendo palmas, batida da mão esquerda na perna esquerda, batida da mão direita na perna direita**). Ele se distraiu olhando o cavalo passar e nem percebeu quando um pingo de chuva caiu sobre si (**batida leve do dedo indicador na palma da mão**). Não demorou e caiu uma tempestade (**palmas com as pontas dos dedos, batidas dos pés para os trovões etc.**). O homem saiu correndo (**batidas nas pernas aumentando a velocidade**) etc.*

Também é possível sonorizar histórias usando objetos e materiais sonoros, aproximando-se dos recursos empregados nas antigas radionovelas, na época em que não havia televisão, e o ouvinte, ao escutar, imaginava toda a situação, enriquecida pela sonoplastia.

Sonoplastia é a técnica de sonorização de uma história, peça teatral ou filme. A sonoplastia tenta aproximar-se dos sons que pretende ilustrar com a maior precisão possível, usando, para tanto, materiais variados. Exemplos: bater uma casca de coco na outra, ou no chão, pode imitar muito bem o trotar de cavalos, e efeito parecido pode ser obtido se usarmos copinhos de iogurte; o som dos trovões pode ser realizado com o agitar de folhas de flandres, acetato, radiografias, com batidas numa tampa grande etc.; o rói-rói (brinquedo sonoro muito comum no Nordeste brasileiro) pode imitar um sapo coaxando, cigarras cantando, uma porta rangendo.

Descobrir que materiais usar (sons vocais, corporais, de objetos) é tarefa a ser desenvolvida em conjunto (quando as crianças já têm maturidade para isso), por meio de pesquisa dos materiais disponíveis na sala de aula ou que se encontrem no pátio da escola etc. Sementes, folhas secas, pedrinhas, areia, água, bacias, diferentes tipos de papel, caixas de papelão, plásticos, enfim, tudo o que produz som pode ser transformado em material para a sonorização de histórias, desde que tenhamos disposição para pesquisar, experimentar, ouvir e transformar.

Contar histórias usando instrumentos musicais

Instrumentos musicais também podem ser utilizados para o desenvolvimento das atividades com histórias. Os instrumentos de percussão (tambores, chocalhos, reco-recos, triângulos, agogôs, caxixis, sinos, clavas, pratos, guizos, pandeiros, paus de chuva, xilofones, metalofones, castanholas, matracas) são muito apropriados ao trabalho, assim como pios de pássaros, flautas de êmbolo, carrilhões etc.

Com instrumentos musicais, o trabalho pode ser estruturado de duas maneiras:

1. O instrumento pode servir à sonoplastia da história de modo similar ao que foi exposto acima, ou seja:

> *{...} a porta abriu-se delicadamente (**o reco-reco é raspado levemente e não muito rápido**), e Maria entrou na sala (**passos representados pelas clavas**) {...}*

Nesse caso, o instrumento musical está sendo usado para imitar o efeito sonoro real (a porta se abrindo, os passos), tendo uma função sonoplástica.

É um exercício interessante, pois, para utilizar o melhor material, torna-se necessário procurar entre os timbres disponíveis aquele que mais se aproxima do efeito sonoro pretendido, o que dependerá, também, da maneira como se produz o som, ou seja, como tocar o reco-reco, por exemplo, para que se pareça com uma porta abrindo delicadamente; como tocar um chocalho para sugerir os pingos de chuva caindo; ou, ainda, qual o melhor sino e como tocá-lo para representar o badalar do sino da igreja. São exercícios de percepção e discriminação auditiva que apuram a sensibilidade e a escuta, além de estimular a imaginação e a criatividade.

Ao trabalhar com crianças muito pequenas, o educador pode contar a história e fazer ele mesmo a sonoplastia. Poderá ser uma maneira, até mesmo, de apresentar os diferentes instrumentos musicais às crianças.

Outra sugestão interessante consiste em contar a história enquanto outra pessoa faz as marcações sonoras. Se a pessoa que toca não aparecer logo da primeira vez, estaremos estimulando a atenção e a curiosidade dos bebês e crianças com relação aos sons que ouvem, despertando o desejo de ver e manipular os instrumentos, quando tiverem acesso a eles.

Uma variação dessa proposta pode incluir, com as crianças de mais de três anos, o exercício do reconhecimento das fontes sonoras que foram usadas em cada momento da história. Nesse caso, depois da escuta sonorizada da narração, as crianças devem opinar sobre os materiais que acreditam que tenham produzido cada som. O educador também pode apresentar, ao final da narração, os instrumentos usados, lançando perguntas:

Que instrumento vocês acham que fez o som de abrir a porta? Por quê? Quem quer experimentar tocar de modo parecido com o que ouviu?

Todas as hipóteses apresentadas pelas crianças devem ser ouvidas e consideradas, e, com base nas observações e nos comentários, convém classificar os diferentes modos de tocar: os diversos gestos sonoros, como bater, sacudir, raspar, esfregar; a opção de tocar com maior ou menor força, mais lento ou mais rápido. Desse modo, estaremos integrando ao trabalho de sonorização de histórias a introdução de aspectos referentes aos vários modos de produção do som e às diferentes formas de tocar, próprias de cada instrumento musical.

2. A história pode servir como roteiro para o desenvolvimento de um trabalho musical.

Por meio da história, as crianças também vivenciam a necessidade de organizar os materiais sonoros, aproximando-se do conceito da forma musical. Transcendendo a ideia da sonoplastia, conforme já abordamos anteriormente, é possível utilizar uma história ou situação para realizar uma improvisação ou composição musical. Os dois trabalhos se assemelham, mas, neste caso, a ênfase muda: com base numa história determinada, escolhe-se um timbre para representar sonoramente cada personagem, sem a intenção de imitá-la, aproximando-se dos jogos de improvisação, conforme descrição anterior (ver "Jogos de improvisação", p. 149).

Um exemplo que ilustra essa possibilidade é *Café da manhã*,[37] misto de história e jogo de improvisação:

> *De manhãzinha, a toalha de mesa é a primeira a chegar, seguida de cada um dos personagens: o pires, a xícara, o bule, o café, o leite, o pão, a manteiga, o bolo, o garfo e a faca. Mesa posta, e a conversa começa: o pires e a xícara fofocam, falando mal de todos e levando bronca do velho bule; o café e o leite tagarelam animadamente, enquanto o açúcar tenta, sem sucesso, participar da conversa. O pão e o bolo são muito amigos e dialogam em total sintonia, ficando mais animados ainda quando chega a manteiga. Mas, de repente, chega o garfo anunciando que o pior ainda vinha: a temida faca, que assustou a todos e queria cortar o pãozinho!*
>
> *Todos tentam conversar com a faca para fazê-la mudar de ideia. Não foi fácil, mas, por fim, a manteiga é quem a faz desistir de seu plano, dando um final feliz para essa história!*

Essa situação, criada por um grupo de crianças com base na escuta de um programa radiofônico feito por estudantes de uma faculdade de comunicação, serviu como roteiro para a realização de um exercício musical. O que mudou com relação às sonorizações de histórias descritas anteriormente?

---

37. *Café da manhã* faz parte do CD *Canto do povo daqui*. São Paulo: Teca – Oficina de Música, 1997.

- Nesse caso, a história tornou-se apenas o roteiro que deu forma ao trabalho musical. Os diálogos não eram descritos em detalhes, ou seja, o pires e a xícara fofocavam, mas não sabemos o que diziam! O importante era o fato de que essa ideia estimulava o diálogo musical entre as crianças: um falava, o outro respondia, lembrando que esse falar era um falar musical, traduzido da seguinte maneira: o pires (metalofone) tocava algo (improvisava), e a xícara (xilofone) respondia. O que diziam? Só a imaginação pode dizer!

- Outro ponto a considerar diz respeito à escolha dos materiais usados. Nesse exemplo, o grupo utilizou instrumentos musicais variados, e a escolha não visava à imitação, como já foi colocado. Procurou-se, no entanto, aproximar os timbres escolhidos, de modo a criar uma unidade:

    a) *pires* – metalofone /*xícara* – xilofone /*bule* – teclado eletrônico;
    b) *leite* – flauta doce soprano /*café* – flauta doce contralto;
    c) *pão* – pandeiro /*bolo* – tambor.

- Outra diferença reside no fato de que, durante a execução musical, a orientadora do grupo atuou como regente, dando as indicações de entrada ou término de cada fase, sem narrar a situação em voz alta, como costuma ocorrer na sonoplastia de histórias. Cada criança e cada grupo de diálogos já conheciam a sequência e o desenvolvimento da ação, e a história tornou-se apenas um fio condutor para a realização musical.

A estrutura de *Café da manhã* aproxima as crianças do jogo com regras. Apesar de desenvolver-se com base numa ideia fantástica, o trabalho colocou-as em contato com maior número de regras quando da realização musical: o pires e a xícara levavam bronca do bule, por exemplo, quando realizavam ritmos métricos, orientados por um pulso regular. O pão e o bolo, por sua vez, deviam conversar por meio de ritmos métricos, entre outros combinados.

Trabalhando com histórias conhecidas das crianças, podemos despertar e desenvolver qualidades musicais como a sensibilidade para ouvir e tocar, o respeito ao silêncio, a atuação na hora certa, a capacidade para dialogar etc.

BRANCA DE NEVE

No grupo de Lucas, que tem quatro anos, as crianças estavam muito interessadas na história da *Branca de Neve*. Lemos juntos, dramatizamos, trabalhamos sonoplástica e musicalmente. As crianças escolheram as personagens que queriam ser e os instrumentos musicais que iriam usar. Tínhamos várias Brancas de Neve, muitos príncipes e, claro, diversos anões. Mas tínhamos apenas uma bruxa, representada pelo Lucas, que adorava tocar bateria.

As Brancas de Neve escolheram os guizos para representá-las; os príncipes, as clavas (ou paus de rumba); e cada anão escolheu um material diferente: flauta de êmbolo, pandeiro, reco-reco, caxixi, ganzá, castanholas, sino, triângulo etc. A bruxa era representada pela bateria.

Para representar musicalmente a história, escolhemos o trecho em que a bruxa, disfarçada de boa velhinha, tenta envenenar Branca de Neve com uma maçã, depois de saber, por meio de seu espelho, que ela vivia na floresta. Branca de Neve desmaia, e os anõezinhos, quando chegam, correm a chamar o príncipe, que, com um beijo, consegue despertá-la!

Nas primeiras vezes que realizamos musicalmente a história, eu narrava a situação, mas sem detalhar cada diálogo. Depois de algum tempo, não era mais preciso falar nada, apenas orientar a realização musical com gestos de regência (indicando as entradas e saídas de cada personagem). Era interessante observar como as crianças, envolvidas na situação, tocavam os instrumentos de modo bastante expressivo. Lucas, para quem tocar sons suaves não era atividade costumeira, produzia sons muito suaves nos pratos e tambores da bateria, com a intenção de sugerir a saída da bruxa "de mansinho", para não ser vista por ninguém, depois de envenenar Branca de Neve. Por outro lado, o menino tocava forte e expressivamente quando representava a ira da rainha má por saber que já não era a mulher mais bela do mundo.

Esses exemplos indicam o modo como as crianças se expressam e se relacionam não só com a música, mas com todas as formas de representação simbólica. Brincando, exercitam questões que passam por aspectos emocionais, sensíveis, cognitivos.

Podemos trabalhar com histórias prontas, com contos de fadas, recorrendo a livros só de imagens (ver *O burro Barnabé*, p. 141), inventando, pedindo a colaboração das crianças etc. Já afirmamos mais de uma vez que o educador ou educadora deve manter-se atento aos interesses e temas de estudo e pesquisa do grupo, favorecendo a criação de situações ricas e estimulantes para as crianças.

O CARANGUEJO SURFISTA

O caranguejo surfista[38] é uma história criada por um grupo de alunos de musicalização de quatro e cinco anos, decorrente do grande interesse que o fundo do mar vinha despertando em uma das crianças. Durante algumas aulas, ela trouxe um livro sobre o

---

38. *O caranguejo surfista* integra o CD *Cantos de vários cantos*. São Paulo: Teca – Oficina de Música, 1999.

tema, que conhecia muito bem, dispondo-se a apresentar os peixes, crustáceos, algas; enfim, todo o universo submarino. Ao mesmo tempo, cantávamos canções sobre o tema: *Caranguejo, Sai, sai, piaba, Óia o peixe, A maré encheu*[39], valorizando o que já se tornara um assunto de grande interesse para todas as crianças e promovendo uma integração com os conteúdos da linguagem musical. Também se desenvolveram pequenas improvisações, nas quais cada criança escolhia uma personagem (peixe-espada, baleia, tubarão) e um instrumento para representá-lo sonoramente. Foram esses exercícios preliminares que geraram a história que apresento a seguir:

> *Era uma vez um caranguejo que queria muito chegar lá no fundo do mar. Mas não conseguia. Ele tentava, tentava... mas a maré enchia, enchia... e o trazia de volta para a beira do mar.*
>
> *Até que apareceu a piaba.*
>
> *A piaba, muito amiga, se ofereceu para levar o caranguejo até o fundo do mar. Eles nadaram, nadaram, até que chegaram.*
>
> *Lá no fundo do mar, viram muitas coisas lindas: plantas, algas, águas-vivas, muitos peixinhos coloridos, ostras, tesouros e até o* **Titanic**.
>
> *Mas, de repente, apareceu um tubarão! Foi um corre-corre.*
>
> *O caranguejo estava quase perdendo suas patinhas quando percebeu algo se movendo nas ondas: era uma prancha de surfe. Ele se agarrou à prancha, subiu e voltou para a praia surfando.*
>
> *E, então, ele se tornou o primeiro caranguejo surfista!*

O processo de criação da história envolveu todo o grupo, que misturou conhecimentos que tinham por base o livro sobre o fundo do mar, as personagens das canções que cantávamos (o caranguejo e a piaba), outros conhecimentos das crianças (o surfe, o filme *Titanic*, que era sucesso na época) e, obviamente, imaginação e jogo simbólico.

A sonorização da história exigiu uma pesquisa de materiais que contou com a participação ativa de todas as crianças, que cuidaram de todos os detalhes. Do som do mar ao movimento da prancha de surfe nas ondas, todos foram muito bem representados sonoramente.

---

39. Canções e brinquedos musicais gravados no CD *Cantos de vários cantos*. São Paulo: Teca – Oficina de Música, 1999.

A gravação de *O caranguejo surfista* denunciou, no final, o efetivo envolvimento das crianças com o tema da história. Todos sabiam que não deveriam falar nem produzir qualquer som alheio ao trabalho durante a gravação, já que tudo ficaria gravado, e, apesar da idade, concentraram-se, realizando a gravação da melhor maneira, logo na primeira tentativa. Mas, mal termináramos – os sons finais ainda ressoavam –, e uma criança, que provavelmente tentara ao máximo se controlar, disse baixinho:

"Eu sei como o tubarão percebe a gente no mar. É pela água, porque eu estou estudando".

"Ele percebe pelo cheiro", respondeu um amigo.

"Ele sente o cheiro e percebe pela água", insistiu o primeiro.

"Ele percebe pela direção, por onde vem o cheiro", rebateu o segundo.

Ainda que a identificação precisa desse diálogo exija muita atenção, decidi deixá-lo registrado em nosso CD, como maneira de confirmar a importância da integração de áreas e da construção de situações significativas para o desenvolvimento de atividades musicais. Apesar de ter se desenvolvido na escola de música, *O caranguejo surfista* procurou respeitar o máximo possível os interesses das crianças, aproveitando ideias e sugestões oriundas das experiências vividas por elas na pré-escola.

O professor ou professora de classe, responsável pelo trabalho em todas as áreas, terá muitas oportunidades para desenvolver projetos integrados, tornando assim mais rica e abrangente a experiência das crianças rumo à construção do conhecimento.

Elaborando arranjos

O que é fazer um arranjo musical? A palavra "arranjo" aparece com frequência nos contextos de atividades musicais, incluindo aí a educação musical.

Fazer um arranjo implica organizar o modo de execução de uma obra musical. É comum, por exemplo, que a interpretação de uma canção seja acompanhada por instrumentos que realizam o arranjo elaborado para ela.

Elaborar um arranjo é uma atividade criativa que pode tanto desenvolver-se com base numa composição já existente como também fazer parte da própria composição.

Quando, na educação infantil, formavam-se conjuntos instrumentais com a bandinha rítmica, era comum que os arranjos já estivessem determinados e que as crianças apenas reproduzissem o que era indicado. As bandinhas por imitação têm sua importância, mas é preciso ampliar o trabalho incluindo a criação e a elaboração de arranjos junto com as crianças.

Antes de tudo, é importante que os educadores e educadoras se sintam capazes de criar arranjos simples e adequados às possibilidades de realização musical das crianças, pois só assim poderão inserir seus alunos nesse importante e gostoso processo de criação.

Já acenamos com alguns pequenos exemplos de possibilidades de arranjos ao sugerir a utilização de instrumentos de percussão ou brinquedos sonoros em canções ou brinquedos musicais. Vale lembrar que, além do processo de elaboração do arranjo, é importante conversar com as crianças sobre questões musicais.

"Que tal a gente tocar uns instrumentos enquanto canta *Passa, passa, gavião?*", perguntou Sérgio.

"Boa ideia", respondi. "Mas como?"

"Cada um escolhe o que quer tocar e toca."

"Todos juntos?", perguntei.

"É, pode ser...", completou Sérgio.

"Vamos experimentar?"

As crianças escolheram os materiais que queriam tocar: percussão miúda (chocalhos, reco-recos, agogôs, triângulos) e alguns tambores. Começamos a cantar e tocar ao mesmo tempo, e, obviamente, o resultado não foi dos mais animadores! Muitos instrumentos soavam ao mesmo tempo, com mais força do que seria conveniente, cobrindo o som das vozes e, ao mesmo tempo, desvalorizando o timbre dos instrumentos usados.

Paramos de cantar, e perguntei:

"O que vocês acharam?"

"Não dava para ouvir o meu instrumento", reclamou Guilherme.

"Nem o meu", completou Marina.

"Acho que não deu para entender nada", disse Sérgio.

"E o que nós podemos fazer para melhorar?", perguntei.

"Tenho uma ideia!", disse Pedro. "Podemos dividir os instrumentos, e cada um toca em uma parte."

"Como assim?"

"Uns tocam na parte das lavadeiras, outros na parte das cozinheiras, outros na parte dos sapateiros."

"Parece uma boa ideia! O que vocês acham?"

"Tudo bem!"

Assim, experimentamos organizar o arranjo dividindo os materiais por grupos, tendo como critério escolher os materiais mais adequados para cada parte. Para a parte das lavadeiras, por exemplo, foram usados os reco-recos, e para os sapateiros, as clavas.

Outro exemplo simples é o que pode ser desenvolvido com o brinquedo musical *Bambu* (ver "Brinquedos de roda", p. 111), roda com nomes que destaca e valoriza cada participante. Como uma ampliação do trabalho com a roda, podemos introduzir instrumentos de percussão, seguindo o critério de somar, um a um, à medida que o nome é chamado:

Bambu, tirabu
Aroeira, manteigueira
Tirará a Maria
Para ser bambu.

Cada criança começa a tocar no momento em que seu nome é cantado, continuando durante toda a canção, até ser chamada novamente, quando pára de tocar.

É preciso lembrar também que devemos conscientizar o conceito de arranjo quando estamos trabalhando com ele. Podemos questionar as crianças sobre isso, perguntando se sabem o que significa fazer um arranjo ou aproveitando momentos em que essa atividade é proposta pelas próprias crianças, como no exemplo acima, para apresentar o conceito e discuti-lo com elas.

"Vamos fazer um arranjo para a canção do relógio?", perguntei.

"Como assim, fazer um arranjo?", perguntou Thomas.

"Alguém sabe o que é fazer um arranjo?"

"É fazer a música", arriscou Pedro.

"Não... a música do relógio já está feita", disse Manuela. "Fazer a música é compor."

"Já sei. É escolher uns instrumentos para tocar a música do jeito que a gente quiser", afirmou Luísa.

DICAS

- É interessante apresentar gravações de obras musicais analisando o aspecto do arranjo. Melhor ainda se houver a possibilidade de mostrar dois arranjos de uma mesma música, como encontramos facilmente no repertório da música popular brasileira.

- Experimentar, tocar, gravar, ouvir, comentar são etapas que integram o processo de construção de um arranjo, por mais simples que ele seja. Tocar marcando o pulso, o acento, tocando apenas em um momento especial, só no refrão da canção, dividindo o grupo de crianças para que alguns toquem e outros cantem, revezando, experimentando todos juntos: primeiro, voz (quando é o caso); depois, instrumentos etc. As possibilidades não se esgotam; ao contrário, se nos dispusermos a trabalhar nesse sentido, criaremos – sempre – mais e melhores arranjos musicais.

Para pesquisar

BRITO, T. A. Cenas musicais I – A música do sombra. *In: Cadernos de Estudo – Educação Musical*, nº 1. São Paulo: Atravez, 1990.

—. Jogos de improvisação musical. *In: Revista Criança*, nº 31. Brasília: Ministério da Educação e do Desporto, 1998.

—. *Koellreutter educador – O humano como objetivo da educação musical.* São Paulo: Editora Fundação Peirópolis, 2001.

—. Os jogos de improvisação no processo de musicalização. *In: Educadores musicais de São Paulo – Encontro e reflexões.* São Paulo: Nacional, 1998.

FLUSSER, V. A música (contemporânea) e a prática musical com crianças. *In:* Kater, Carlos (org.) *Cadernos de Estudo – Educação Musical*, nº 2-3. São Paulo: Atravez, 1991.

GAINZA, V. H. *La improvisación musical.* Buenos Aires: Ricordi Americana, 1983.

KATER, C. (org.) *Cadernos de Estudo – Educação Musical*, nº 6. Belo Horizonte: Atravez/UFMG, 1997a.

KOELLREUTTER, H.-J. Educação musical no Terceiro Mundo. *In:* KATER, Carlos (org.), *Cadernos de Estudo – Educação Musical*, nº 1. São Paulo: Atravez, 1990a.

—. *Terminologia de uma nova estética da música.* Porto Alegre: Movimento, 1987.

OSTROWER, F. *Acasos e criação artística.* Rio de Janeiro: Campus, 1990.

—. *Criatividade e processos de criação.* Petrópolis: Vozes, 1978.

SANTOS, R. M. S. Crítica, prazer e criação no ensino-aprendizagem musical. *In: Anais do 4º Simpósio Paranaense de Educação Musical.* Londrina: Abem, 1995.

SCHAFER, R. M. *O ouvido pensante.* São Paulo: Editora Unesp, 1991.

O registro/a notação musical

A música tem códigos de registro e notação que surgiram em virtude da necessidade de fixar as ideias musicais e, assim, preservá-las. Como expressão temporal, a linguagem musical acontece no tempo-espaço, e os sinais criados são auxiliares da memória (individual e coletiva). A notação musical tradicional, que registra na pauta de cinco linhas as alturas e durações dos sons, procura grafar com precisão os sons da composição. Nem sempre foi assim: em sua origem, os sinais apenas sugeriam o movimento sonoro, ao passo que no século XX passaram a ser utilizadas novamente notações imprecisas, nas quais sinais gráficos (pontos, linhas, manchas) sugerem o gesto, o impulso sonoro, numa concepção estética aberta, em que o intérprete é coautor, participante da composição musical.

Muito importante é lembrar que a escrita musical não é a própria música, que só se realiza sonoramente. Esse ponto é essencial, uma vez que, vivendo em sociedades que valorizam sobremaneira a escrita, tendemos a desconsiderar o fazer musical, que se desvincula de sua notação, esquecendo-nos de que

> *"muitas tradições musicais deste planeta são aprendidas e transmitidas oralmente, e isso é válido especialmente para um país como o nosso."*
> (J. V. Souza, 1999, p. 206)

> *"A notação deve ser o resultado de uma necessidade musical e pedagógica, e não o ponto de partida da iniciação musical."*
>
> *(C. Renard, 1982, p. 128)*

> *"{...} Na gênese da própria música na criança e no processo de construção do conhecimento musical, notações de diversas naturezas acompanham essa gênese em complexidade crescente, como um dado ligado não exclusivamente ao seu aspecto de tradução visual, mais ou menos intelectual ou puramente perceptiva de uma vitalidade sonora, mas sim à possibilidade de penetração cognitiva e também intuitiva na materialidade da música, que supõe signos e mistério. {...}*
>
> *A história da música, não só da chamada música ocidental, tida como 'oficial', mas também da música de outras culturas e civilizações, como a oriental e a indígena, mostra uma grande riqueza naquilo que poderíamos chamar de os 'possíveis' da música: uma imensa variedade na natureza das descobertas, nos códigos, na visão de música, nas escolhas sonoras e na notação musical. Por que uma tal gama de 'possíveis' não comparece nas propostas de ensino de música? Se o homem, ao longo das eras, pôde traçar tantas trilhas e abrir tantas clareiras epistemológicas, deverá a criança ficar à parte dessa aventura do conhecimento? A liberdade e a objetividade necessárias para a exploração, a descoberta e a construção do conhecimento sonoro e musical lhe são negadas em favor da obediência e da ação repetitiva ou exploratória sem sentido. Restam músicas esqueléticas e uma notação revestida de sons sem vida. O constante procedimento imitativo no ensino da leitura da notação vem, então, esvaziando os signos gráficos de significado, e a metodologia, de inteligência e sensibilidade. Os signos gráficos musicais, que devem ser mediadores de uma relação viva entre o homem e a música, símbolos de vida, aparecem como significantes dissociados dos significados e dos referentes (os sons), o que produz na leitura a dissociação entre música e significação. Dessa forma, o sinal gráfico nunca será signo, que é a sua função real."*
>
> *(P. P. Salles, 1996, p. 150-151)*

Apesar de a leitura e a escrita musicais tradicionais não serem conteúdos próprios da etapa da educação infantil, o conceito de registro de um som (ou grupo de sons) pode começar a ser trabalhado com crianças de três anos, desde que em situações significativas de interação e apropriação dos sons e de construção de sentidos.

A criança de três anos que, ao ouvir um impulso sonoro curto, realiza um movimento corporal está transpondo o som percebido para outra linguagem, materializando, de certa maneira, aquilo que ouviu. Diferentes tipos de sons (curtos, longos, em movimento, repetidos, muito fortes, muito suaves, graves, agudos) podem ser traduzidos corporalmente, numa realização intuitiva e espontânea da percepção dos sons ouvidos, o que podemos considerar como uma primeira forma de registro (ver "Integrando som e movimento", p. 145). Sem papel ou lápis, podemos registrar corporalmente os sons que ouvimos, e, nesse caso, não só as mãos, mas todo o corpo reage, expressando o que "deu vontade".

Esses gestos sonoros também podem ser transformados em desenhos. "Desenhar o som", que podemos considerar como um primeiro modo de notação dos sons, é trazer para o gesto gráfico aquilo que a percepção auditiva identificou. Partindo do registro gráfico intuitivo, chega-se à criação de códigos de notação que serão lidos, para serem decodificados pelo grupo, num processo seqüencial que respeita níveis de percepção, cognição e consciência. O relato a seguir ilustra uma situação que ocorreu num grupo de musicalização, sob a minha orientação, e foi publicado no livro *Didática do ensino de arte: a língua do mundo – Poetizar, fruir e conhecer arte* (M. C. F. D. Martins, 1998).

"Já sei! É só fazer o que a mão ficou com vontade de fazer quando ouviu o som!"

Assim Guigo, aos seis anos, sintetizou, de modo especial, o significado da proposta que a princípio ele não entendera.

"É para desenhar o instrumento?", ele perguntou.

Respondi que não.

"Feche os olhos e ouça, e, então, escolha uma ou várias cores e desenhe o som."

"Como assim desenhar o som?", Guigo insistiu. *"Como se desenha um som?"*

"Boa pergunta", respondi.

"Você desenha como achar que é", interveio Luísa.

"Vamos tentar. Se você quiser, pode observar um pouco, Guigo", completei.

E assim foi. No início, ele apenas observou. Toquei uma série de impulsos curtos, nos blocos sonoros, de maneira um tanto irregular. As crianças registraram no papel, e aconteceu um grande número de pontos e pequenos traços.

Realizei, em seguida, um movimento contínuo nas fendas de um reco-reco. Novos desenhos.

Foi então que Guigo matou a charada:

"É só fazer o que a mão ficou com vontade de fazer!"

Confesso que me apropriei das palavras dele e ainda hoje recorro a elas quando preciso ajudar alguém a compreender a proposta do exercício. E, mais do que isso, Guigo conseguiu perceber a estreita ligação ou mesmo a interligação que existe entre o gesto sonoro e o gesto corporal.

Como já indicamos, "desenhar o som" é registrar intuitiva e espontaneamente os sons percebidos.

O desenho do som é impressão subjetiva, é sensação, é percepção do gesto sonoro. "Desenhar o som" é também maneira de conscientizar qualidades do som, como altura, duração, intensidade, timbre.

A observação e a análise dos registros gráficos das crianças revelam o modo como elas percebem e se relacionam com os eventos sonoros em cada estágio. Aos três anos, por exemplo, as crianças tendem a registrar um grupo de sons curtos de modo contínuo, ligando um ao outro, mesmo quando cantam os sons separadamente, ao mesmo tempo que grafam, como é comum acontecer. Aos poucos, verifica-se uma transformação no modo de registrar os sons, o que indica uma mudança de percepção e consciência.

Hans-Joachim Koellreutter, ao falar sobre a importância de realizar exercícios para representar os diferentes sons (com linhas, pontos, cunhas etc.), considerou que essa etapa inicial do trabalho com a notação é uma fase de conscientização do material, pois o registro gráfico conscientiza as características do som.

Koellreutter também chama a atenção para a necessidade, cada vez mais presente em nossas sociedades, de acentuar as relações entre os elementos, treinando uma percepção relativista. A notação gráfica seria o meio ideal para isso, pois essa notação relativiza características do som, como altura, duração, intensidade, densidade, permitindo o exercício de uma percepção qualitativa dos sons. É importante integrar os processos de improvisação e notação: improvisar/escrever/executar o que escreveu.

O professor Koellreutter afirma ainda que o poder de abstração das crianças é muito grande, levando em conta que elas percebem primeiro o todo e depois o particular, os detalhes. Por isso, ele aconselha que se parta de uma imagem sonora globalizante, e não de alturas definidas (as notas musicais). Para as crianças, especialmente na etapa da educação infantil, o espaço sonoro é global (silêncio e som), aberto e também multidirecional (em todas as direções, e não apenas da esquerda para a direita).

Desenhando sons (a partir de três anos)

Selecione materiais sonoros diversos que possibilitem produzir sons de diferentes durações (curtos ou longos), alturas (mais graves ou agudos) e intensidades (fracos ou fortes) e que tenham timbres contrastantes (materiais sonoros feitos de madeira, metal, plástico, que produzam sons variados). É interessante misturar instrumentos musicais de percussão, instrumentos melódicos, assim como objetos, brinquedos sonoros etc.

As crianças deverão ouvir e desenhar aquilo que ouvem: um grupo de sons curtos e suaves, sons curtos e fortes, um único som longo, o som raspado de um reco-reco, um movimento ascendente (do grave para o agudo) ou descendente (do agudo para o grave), na flauta de êmbolo ou xilofone, toques num tambor fazendo um crescendo (do suave ao forte) etc.

Convém reforçar para as crianças o fato de que elas não devem desenhar o instrumento, ou seja, a fonte sonora produtora do som, mas sim o *som* produzido (problema inexistente com as crianças menores, que ainda não desenham figurativamente). Podemos, também, recorrer a algumas analogias.

Imagine que sua mão é o som movimentando-se no espaço. Ou ainda: como seria esse som se pudéssemos vê-lo?

Vamos desenhá-lo no papel?

O educador ou educadora deverá observar como as crianças registram os sons, como ocupam o espaço do papel, se mudam de cor de acordo com o que ouvem. Deve chamar a atenção para que as crianças conscientizem alguns pontos. Por exemplo:

"Olhem que interessante! João fez um monte de pontinhos quando ouviu os sons curtinhos que eu toquei nas claves. E se nós fôssemos cantar esses sons? Como faríamos com a voz?"

É importante que as crianças observem e comparem, sem juízo de valor, o que cada uma fez.

"Vocês perceberam que João, Paula e Sérgio sentiram os sons que ouviram de um modo parecido? João fez pontinhos, Paula e Sérgio fizeram traços pequenos para desenhar os sons curtos das claves. E o som longo que eu toquei na flauta? Vejam, Marta desenhou uma linha bem comprida. Quem fez, também, uma linha?"

"Essa mancha preta foi o toque forte do tambor, Luís?"

Compartilhando com o grupo as observações e análises, abrimos espaço para que as crianças possam refletir sobre essa atividade, construindo hipóteses, o que é, sem dúvida, o aspecto de maior importância. Ainda que observemos que uma ou outra criança não esteja compreendendo exatamente a proposta, convém deixar que ela realize o exercício à sua maneira. Agindo conforme foi exposto, com o cuidado de orientá-la, daremos o tempo necessário para que ela observe, perceba e realize a proposta.

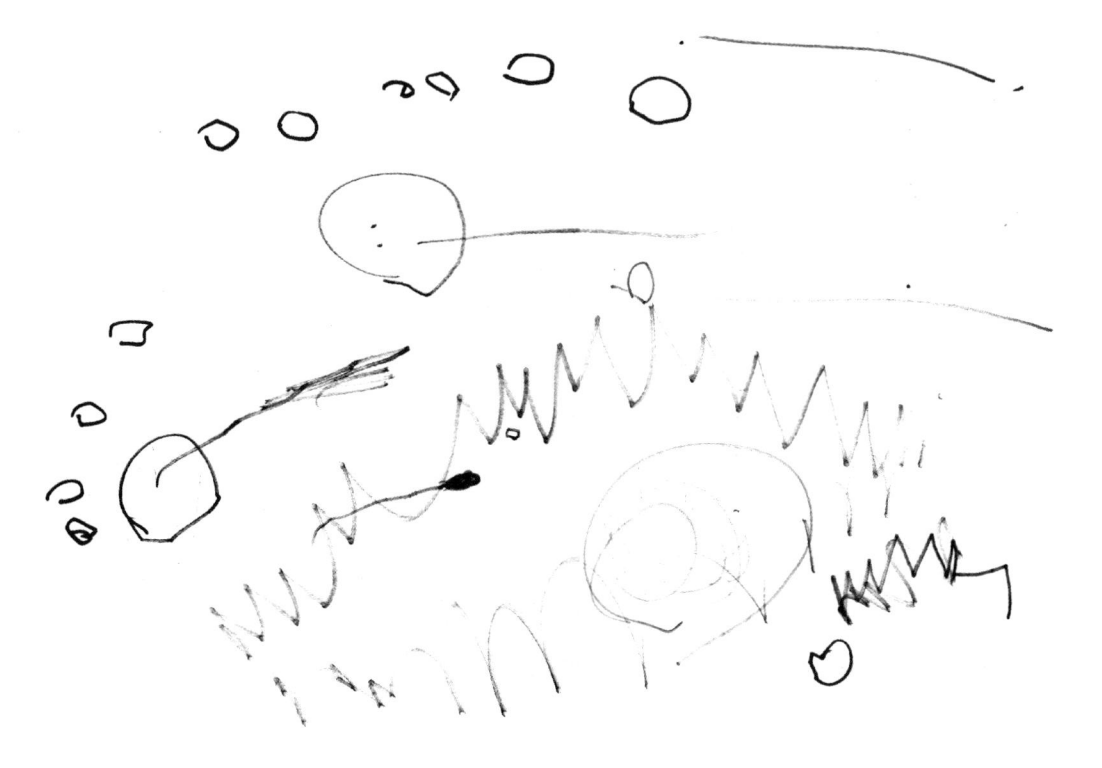

Criando partituras gráficas (a partir de quatro anos)

A experiência com os "desenhos do som" pode levar à criação de partituras gráficas. Se o grupo criou e reconhece sinais específicos que correspondem aos diversos eventos sonoros, podem-se criar pequenas composições junto com as crianças.

Os sinais a serem usados podem ser, entre outros:

- pontos para os sons curtos;
- linhas para os sons longos;
- ziguezagues para sons trêmulos ou frotados (como no reco-reco).

É interessante usar cores para determinar os diferentes timbres, ao passo que a intensidade (força do som) pode ser indicada pela variação do tamanho do sinal gráfico (pontos pequenos para representar sons fracos, pontos maiores para sons mais fortes, por exemplo).

Seguindo critérios próximos dos indicados, podemos variar os materiais, registrando sons ou criando partituras com massinha de modelar (nesse caso, as crianças podem fazer bolinhas de diferentes tamanhos, tiras compridas que podem ser dispostas sobre um papel, formando diferentes desenhos etc.), lãs e/ou barbantes (para registrar sons longos) e tampinhas ou botões (para os sons curtos).

O mais importante, no entanto, é propor situações para que as crianças criem suas formas de registro dos sons e das músicas.

Muitas alternativas podem surgir, misturando grafismos, desenhos das fontes sonoras e sinais diversos.

O registro dos sons, da maneira como está sendo indicado aqui, torna possível grafar e interpretar as diferentes qualidades dos sons, porém de modo impreciso, ou seja, podemos anotar e interpretar um sinal que representa um som curto ou longo, sem definir, exatamente, a duração de cada um.

Para enriquecer esse tipo de experiência, é importante que os alunos tenham contato com gráficos, notações impressas e gravações.

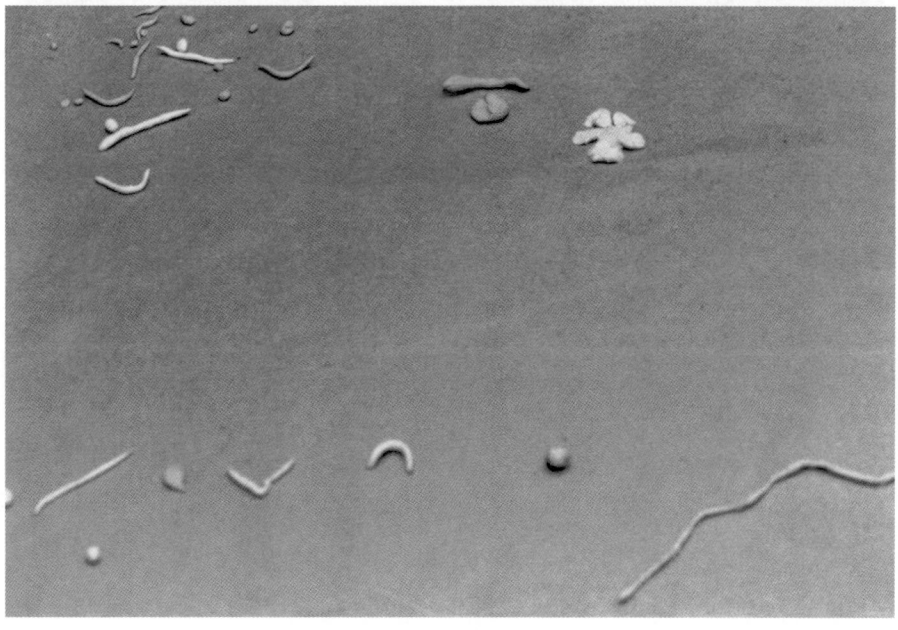

Registrando a forma (a partir de seis anos)

É interessante incorporar ao trabalho de escuta a criação de gráficos de registro da forma de uma composição ouvida, assim como é possível registrar graficamente as criações musicais das crianças.

Uma canção com forma A-B-A pode ser registrada como na ilustração ao lado, entre outras possibilidades:

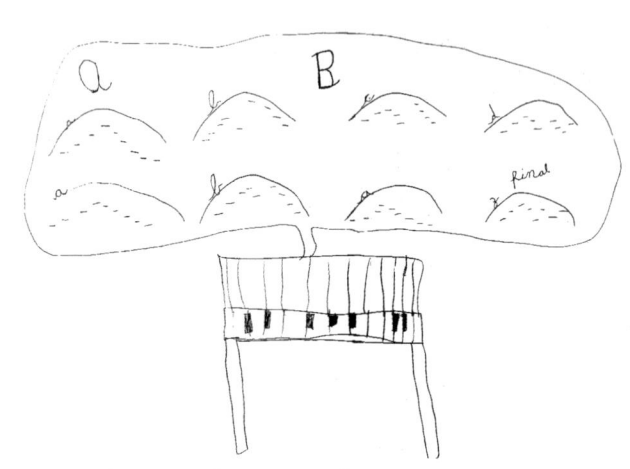

Muitos outros modos de notação e registro podem – e devem – integrar-se aos modos aqui propostos. O que importa é aproveitar, da melhor maneira, as situações surgidas em seu grupo de trabalho, de maneira que favoreça o desenvolvimento da percepção e da expressão musicais pela integração à expressão gráfica e/ou ao desenho.

Para pesquisar

ABADI, S., KOTIN, C. e ZIELONKA, L. *Música, maestro!* Buenos Aires: Editorial Humanitas, 1992.

BOUSSEUR, J. Y. A notação e a interpretação. *In*: MASSIN, J. e MASSIN, B. *História da música ocidental*. Rio de Janeiro: Nova Fronteira, 1997, p. 99-122.

BRITO, T. A. *Koellreutter educador – O humano como objetivo da educação musical*. São Paulo: Editora Fundação Peirópolis, 2001

DELALANDE, F. *La musique est un jeu d'enfant*. Paris: Buchet/Chastel, 1984.

— *Pédagogie musicale d'eveil*. Paris: Institut National de l'Audiovisual, 1979.

KATO, M. (org.). *A concepção da escrita pela criança*. Campinas: Pontes, 1988.

RENARD, C. *Le geste musical*. Paris: Éditions Hachette/Van del Velde, 1982.

SALLES, P. P. Gênese da notação musical na criança – Os signos gráficos e os parâmetros do som. *In: Revista Música*, v. 7, nº 12. São Paulo: ECA/USP, 1996.

SINCLAIR, H. (org.). *A produção de notações na criança*. São Paulo: Cortez, 1990.

SMOLKA, A. L. *A criança na fase inicial da escrita – A alfabetização como processo discursivo*. Campinas: Papirus, 1993.

SOUZA, J. V. Sobre as múltiplas formas de ler e escrever música. *In*: NEVES, I. C. B.; SOUZA, J. V.; SCHÄFFER, N. O.; GUEDES, P. C.; KLÜSENER, R. (orgs.). *Ler e escrever – Compromisso de todas as áreas*. Porto Alegre: Editora da Universidade do Rio Grande do Sul (UFRGS), 1999.

VIVANCO, P. *Exploremos el sonido*. Buenos Aires: Ricordi Americana, 1986.

Escuta sonora e musical

Aprender a escutar, com concentração e disponibilidade para tal, faz parte do processo de formação de seres humanos sensíveis e reflexivos, capazes de perceber, sentir, relacionar, pensar, comunicar-se.

O universo sonoro que vai sendo apresentado – natural e intencionalmente – aos bebês e às crianças os coloca em contato com grande variedade de sons produzidos pela voz humana, pelos sons corporais, pela natureza, pelas máquinas e também pela música.

Escutar é perceber e entender os sons por meio do sentido da audição, detalhando e tomando consciência do fato sonoro. Mais do que ouvir (um processo puramente fisiológico), escutar implica detalhar, tomar consciência do fato sonoro.

> "As relações existentes entre ouvir e escutar salientam a importância das mudanças e resultados esperados no quadro da educação auditiva."
> (Abbadie-Gillie, apud Akoschky, 2000, p. 201)

> "A escuta tem grande importância na educação infantil, pois todos os demais conteúdos se alinhavam por meio da audição e da percepção."
> (J. Akoschky, 1996, p. 202).

É muito importante aprender a escutar (os sons do entorno, da rua, da voz, do corpo, dos instrumentos musicais e da produção musical da cultura humana), bem como desenvolver o respeito ao silêncio, para que haja equilíbrio entre esses dois pólos complementares (som e silêncio).

As atividades relacionadas ao fazer musical devem ser encaminhadas à escuta e à análise, de modo que ocorra uma efetiva integração entre ação e recepção. Delalande, ao se referir à importância da motivação como uma condição psicológica essencial a uma escuta atenta, indica que as criações musicais das crianças devem servir à escuta, preparando a atitude necessária à audição musical.

Com algum empenho, o educador ou educadora poderá pesquisar obras que tenham pontos em comum com trabalhos produzidos pelas crianças, estimulando, com base no universo infantil, a ampliação do universo musical e cultural.

> *"A percepção se aperfeiçoa na medida em que se ampliam as experiências e conhecimentos do sujeito: um músico ouve melhor, distingue e analisa de modo mais refinado do que alguém que não se desenvolveu nessa área. No começo da vida, as informações sensoriais recolhidas pelos sentidos são confusas, e ordená-las é um dos resultados da atividade sensório-motora. Pela análise das impressões recebidas o cérebro desmembra e, simultaneamente, estrutura os elementos diferenciados. A percepção é uma conquista progressiva: é uma interpretação dos dados que chegam ao sujeito por meio dos sentidos, conduta complexa que envolve o jogo da experiência, a memória, os quadros de referência. Graças a essa atividade o indivíduo estabelece a comunicação, que transcende o simples contato sensorial com o mundo circundante: a percepção lhe permite a compreensão. Já se disse, também, que a percepção é um vínculo do sujeito com o objeto."*
> (Abbadie-Gillie, 1976, apud J. Akoschky, 1996)

> *"Escutar implica perceber diferentes aspectos, sendo que a percepção não se comporta sempre do mesmo modo. Há diferentes maneiras de perceber o mesmo fenômeno, dependendo de cada sujeito, de seu interesse, de sua experiência e seus conhecimentos prévios; as características particulares do objeto a ser percebido também serão muito importantes, e, além do mais, serão determinantes a situação e o contexto em que o ato perceptivo venha a ocorrer."*
> (J. Akoschky, 2000, p. 202)

A escuta de obras musicais sempre provoca emoções, sensações, pensamentos e comportamentos diversos. Uma música que tem no ritmo o seu elemento mais determinante desperta a vontade de movimentar-se, de balançar o corpo, de dançar, ao passo que certas melodias despertam sentimentos e emoções subjetivas, únicas, distintas para cada um.

Podemos estimular a escuta de obras musicais diversas, tendo claro, antes de mais nada, que é necessário ouvir e respeitar o silêncio, como já afirmamos. Assim, os momentos destinados ao trabalho de escuta musical devem ser especiais, e a música não deve ser encarada simplesmente como "pano de fundo" para a realização de outras atividades. Nesse sentido, é aconselhável planejar as atividades de escuta musical, o que difere de simplesmente deixar uma música soando enquanto cuidamos dos bebês ou enquanto as crianças se entretêm com outras atividades. É importante valorizar a questão da escuta musical, evitando deixar que a música, sem critério algum, tome conta do espaço durante o tempo todo.

Em sintonia com o modo como os bebês e crianças de até seis anos percebem e se expressam, a escuta musical também deve integrar-se a outras formas de expressão, como a dança, o movimento, o desenho, a representação. É preciso, no entanto, não deixar de lado a questão específica da escuta. Numa dança, por exemplo, as crianças poderão guiar-se pela forma – a estrutura que resulta na organização da composição, num trabalho que deve envolver a escuta propriamente dita, o diálogo com as crianças a respeito do que elas ouviram, identificaram, reconheceram.

> *"Quando escutam, as crianças percebem aspectos parciais e globais. Tendem a perceber uma canção de forma global, integrando o texto, a melodia e o ritmo, e nem sempre reconhecem esses elementos separadamente. Mas, se porventura há algum elemento que se destaca (uma palavra engraçada, uma onomatopéia, um ritmo específico), podem identificar o todo da canção com base nesse elemento. Em obras instrumentais, costumam identificar, primeiramente, o caráter, contrastes grandes ou, ainda, o instrumento solista, caso já o conheçam."*
> (J. Akoschky, 1996, p. 238).

"Eu ouvi piano", João afirmou, quando questionado sobre o que acabara de escutar. O material era, para ele, a primeira referência para a apreciação, reduzindo a experiência do ouvir à percepção consciente do timbre. Depois de novas escutas, contando com a intervenção da educadora, ele pôde redimensionar sua audição, reconhecendo que havia repetições, que "tinha uma parte que mudava", percebendo e batendo um ritmo presente etc. Obviamente, a escuta musical se desenvolverá durante todo o percurso educativo, em diferentes etapas.

Desenhar pode envolver aspectos musicais objetivos e subjetivos, ou seja, é possível que as crianças desenhem os instrumentos cujo timbre identificaram, mas elas podem desenhar também suas impressões a respeito do que ouviram, o que sentiram ou imaginaram ao ouvir determinada composição.

O material selecionado para a escuta deve contemplar todos os gêneros e estilos musicais, de diferentes épocas e culturas, privilegiando, no entanto, a produção musical do nosso país, com o cuidado especial de não limitar o contato das crianças ao repertório "infantil".

No caso da música comumente classificada como erudita, por exemplo, deverão ser apresentadas composições breves (ou movimentos de uma composição), danças, música descritiva, bem como aquelas que foram criadas visando à apreciação musical infantil.

O cancioneiro da música popular brasileira, assim como a produção cultural das diversas regiões do Brasil, pode fornecer rico material para o trabalho de escuta musical na educação infantil.

Com os bebês e crianças menores, é aconselhável selecionar obras musicais de andamento vivo, alegre, que estimulem o movimento e a atenção, alternando com outras, mais calmas, a serem usadas nos momentos de relaxamento e descanso.

Com as crianças da pré-escola, já é possível chamar a atenção para questões específicas presentes nas diferentes obras musicais: tipo de conjunto (um instrumento solista, um duo, um trio, um quarteto de cordas, uma orquestra de câmara, uma orquestra sinfônica, um conjunto de rock, de música regional, uma banda de metais) e instrumentos musicais presentes, se é possível perceber partes diferentes na música, se a música sugere alguma ideia ou situação, se é música do nosso país ou não, se é música antiga ou moderna e por quê etc. Em alguns casos, é possível também falar sobre o compositor da obra, lembrando, no entanto, que a intenção deve ser a de ampliar o contato das crianças com os produtos musicais e seus produtores, levando-as a pensar mais e melhor sobre a linguagem musical. Assim, não deve haver exigência no sentido do reconhecimento técnico de questões musicais.

Algumas obras musicais foram escritas especialmente para crianças e, por sua qualidade, devem integrar o repertório apresentado a elas. *Pedro e o lobo*, do compositor russo Sergei Prokofiev

(1891-1953), é uma delas. Prokofiev escreveu um conto sinfônico: por meio das aventuras de Pedro para capturar o lobo, ele apresenta às crianças os instrumentos da orquestra sinfônica. Cada personagem da história é representada por um instrumento:

- Pedro – quarteto de cordas (dois violinos, viola e violoncelo);
- lobo – três trompas;
- passarinho – flauta transversal;
- gato – clarinete;
- avô – fagote;
- tiros dos caçadores – tímpanos.

A história é narrada, e as crianças têm a oportunidade de ouvir os instrumentos tocando solos, tocando juntos, terminando numa grande marcha que reúne toda a orquestra. *Pedro e o lobo* é uma obra que encanta as crianças, permitindo a realização de um trabalho amplo que pode envolver: dramatização da situação junto com a música, desenho das personagens, realização musical da história usando outros instrumentos (aos quais as crianças tenham acesso), criação de uma nova história. Deve-se mostrar às crianças fotos dos instrumentos de uma orquestra e, quando possível, levá-las para conhecer uma orquestra ou convidar músicos da comunidade para se apresentarem para elas.

O carnaval dos animais, do compositor francês Camille Saint-Saëns (1835-1921), é outra composição musical que, apesar de não ter sido criada especialmente para crianças, comunica-se diretamente com o universo infantil. Trabalhando com um grupo de instrumentos musicais da orquestra e tendo dois pianistas como solistas, Saint-Saëns criou uma fantasia musical. Cada trecho da obra representa um animal, e, assim, podemos "ouvir" a marcha real do leão, as galinhas, o cuco, a tartaruga, o elefante, o aquário, o cisne, o canguru, os animais de longas orelhas, os animais velozes, a coruja e até os pianistas!

O carnaval dos animais também abre muitas possibilidades de trabalho com as crianças. É possível ouvir partes selecionadas previamente, como, por exemplo, *O cisne*, para um momento de calma e relaxamento, ou *A valsa do elefante*, para uma hora de diversão! É interessante, por outro lado, contar às crianças maiores a intenção dessa obra, incentivando-as a perceber que animal Saint-Saëns tentou representar em cada parte, e dialogar com elas acerca dessa questão: a música é capaz de descrever alguma coisa? Ela sugere, se aproxima... por quê?

As crianças podem movimentar-se como os diferentes animais, além de poderem pintar, desenhar e imaginar possíveis temas para as diferentes partes da composição, independentemente da intenção do compositor.

O compositor Paul Dukas (1865-1935), também francês, escreveu *O aprendiz de feiticeiro*, inspirado numa balada do poeta alemão Goethe. O aprendiz "enfeitiça" a vassoura para que ela trabalhe por ele, sem, no entanto, conseguir fazê-la parar. Paul Dukas transformou a situação em música usando os instrumentos da orquestra. Walt Disney, no filme *Fantasia*, fez uma adaptação dessa história apresentando Mickey como o aprendiz de feiticeiro.

O trenzinho do caipira, do compositor brasileiro Heitor Villa-Lobos (1887-1959), pode também ser utilizada no trabalho de apreciação musical com as crianças. Villa-Lobos sugere o movimento do trem em sua viagem, "convidando" as crianças a viajarem também (ver referência a essa obra e a outras com o mesmo tema na apresentação da canção *O trem de ferro*, p. 118). Além disso, as *Cirandas e cirandinhas*, a coleção *Brinquedos de roda*, para piano, baseadas em temas populares brasileiros, são bastante apropriadas para o trabalho de apreciação musical na educação infantil.

Leopold Mozart (1719-1787) escreveu a *Sinfonia dos brinquedos*, misturando pios de pássaros e pequenos brinquedos sonoros à formação tradicional da orquestra. Na produção musical do século XX, também encontramos exemplos interessantes que podem ser mostrados às crianças: o francês Pierre Henry (1927) escreveu, em 1963, a obra *Variações para uma porta e um suspiro*, apresentando variações sobre os rangidos de uma porta; o americano John Cage (1912-1992) escreveu obras para piano preparado (que tinha o timbre alterado pelos diferentes materiais que Cage colocava nas cordas), composições interessantes de serem apresentadas às crianças por possibilidades que exploram ruídos e sonoridades que transcendem o repertório de sons da música tradicional.

As coleções da Unesco que apresentam músicas do mundo e das crianças, assim como toda a gama de material existente que abre ouvidos e mentes para o reconhecimento da música em sua diversidade e riqueza, podem (e devem) ser apreciadas pelas crianças. Com certeza estaremos formando seres humanos mais abertos, tolerantes e, especialmente, mais bem preparados para fazer e escutar música com qualidade. Lembro-me sempre da reação de Gabriel, aos seis anos, enquanto ouvia o *Canto Tuva*, da Mongólia, cuja técnica permite que uma única voz emita um bordão e uma melodia de sons harmônicos:

"Isso é impossível!", reagiu o garoto, surpreso.

Seu comentário gerou um diálogo interessante, que levou todo o grupo a refletir nas questões sobre as quais eles talvez ainda não tivessem pensado: quantas possibilidades de expressão existem, quanta riqueza e variação, domínio técnico, conhecimentos específicos! Aquele povo, que vive tão longe de nós, cantava uma música estranha, muito diferente da produção musical que já era habitual à maioria daquelas crianças. Não usava os mesmos instrumentos, contava com outros recursos, preservando uma técnica ancestral, que, assim como Gabriel, muitos consideram impossível de realizar.

Pela escuta musical, aquelas crianças se aproximaram do outro e, ao mesmo tempo, de si próprias, num exercício de respeito, reconhecimento e valorização.

São muitos os exemplos que poderiam estar aqui incluídos. Cabe ao educador ou educadora pesquisar exemplos e obras musicais que se aproximem de suas crianças e de seu trabalho em cada fase.

Para pesquisar

ABBADIE, M.; GILLIE, A. M. *El niño en el universo del sonido*. Buenos Aires: Kapelusz, 1976.

AKOSCHKY, J. *La música en el nivel inicial – Diseño curricular para la educación inicial*. Buenos Aires: GCA:BA, Secretaria da Educação, 1996/2000.

MENOCAL, A. La audición en educación infantil. In: *Eufonía – Didáctica de la Música*, nº 2. Barcelona: Editorial Graó, 1996.

SCHAFER, R. M. *O ouvido pensante*. Trad. Marisa T. de O. Fonterrada, Magda R. G. da Silva, Maria Lucia Pascoal. São Paulo: Editora Unesp, 1991.

WAUGH, A. *Música clássica – Uma nova forma de ouvir*. Trad. João Quina. Lisboa: Edições Temas da Actualidade, 1995.

WISNIK, J. M. *O som e o sentido*. São Paulo: Companhia das Letras, 1989.

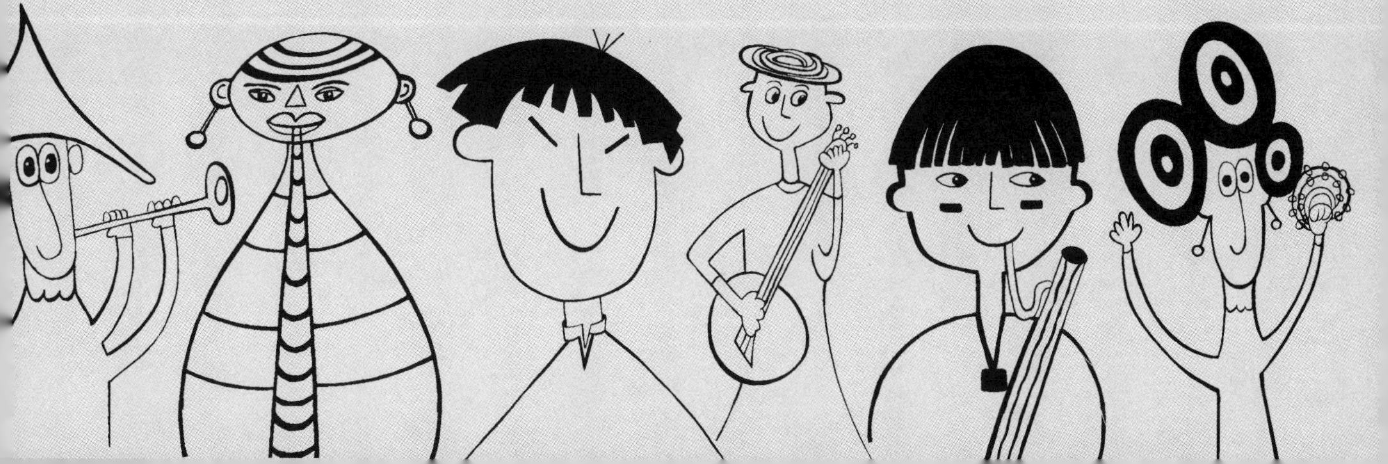

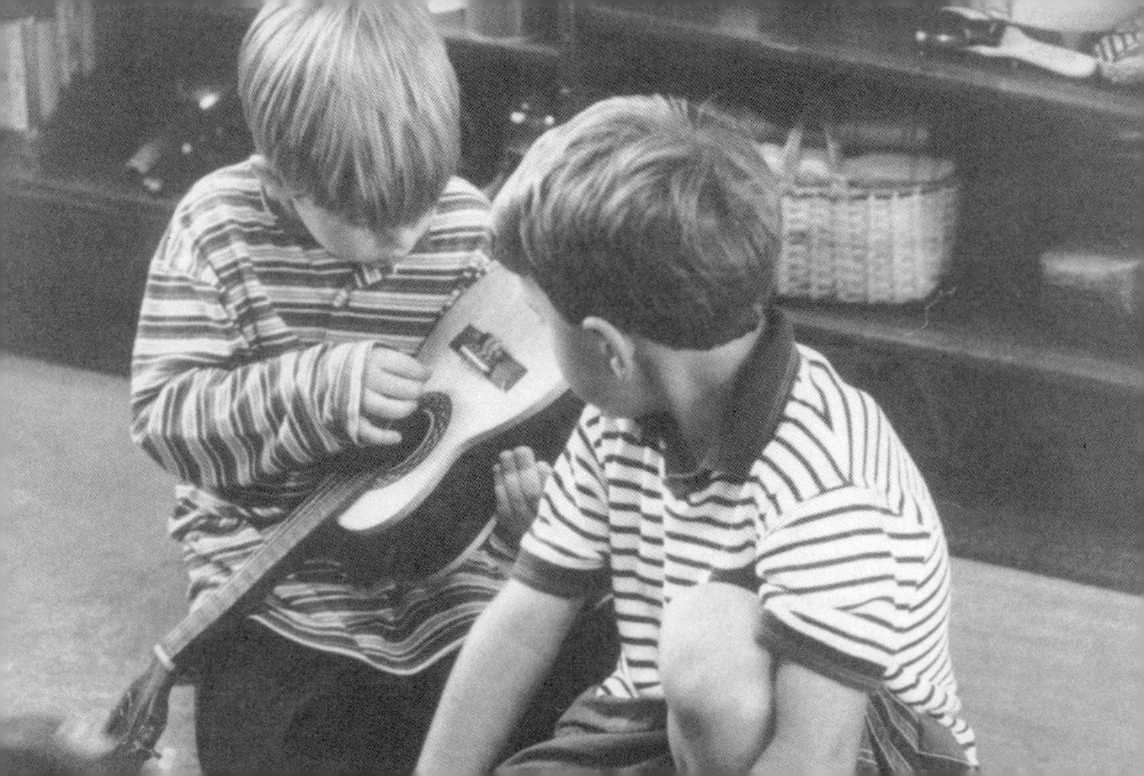

O Referencial curricular nacional para a educação infantil entende a avaliação como,

> *"prioritariamente, um conjunto de ações que auxiliam o professor a refletir sobre as condições de aprendizagem oferecidas e ajustar sua prática às necessidades colocadas pelas crianças. É um elemento indissociável do processo educativo que possibilita ao professor definir critérios para planejar as atividades e criar situações que gerem avanços na aprendizagem das crianças. Tem como função acompanhar, orientar, regular e redirecionar esse processo como um todo."*
> *(RCNEI, Introdução, p. 59)*

De acordo com a Lei de Diretrizes e Bases da Educação, sancionada em dezembro de 1996, a avaliação, na educação infantil,

> *"far-se-á mediante o acompanhamento e registro do seu desenvolvimento, sem o objetivo de promoção, mesmo para o acesso ao ensino fundamental."*
> *(LDB, 1996, seção II, artigo 31)*

Na área de música, a avaliação:

> *"deve ser contínua, levando em consideração os processos vivenciados pelas crianças, resultado de um trabalho intencional do professor. Deverá constituir-se em instrumento para a reorganização de objetivos, conteúdos, procedimentos, atividades, e como forma de acompanhar e conhecer cada criança e grupo.*
>
> *O registro de suas observações sobre cada criança e sobre o grupo será um valioso instrumento de avaliação. {...} É recomendável que o professor atualize, sistematicamente, suas observações, documentando mudanças e conquistas. Deve-se levar em conta que, por um lado, há uma diversidade de respostas possíveis a serem apresentadas pelas crianças, e, por outro, essas respostas estão frequentemente sujeitas a alterações, tendo em vista não só a forma como as crianças pensam e sentem, mas a natureza do conhecimento musical. A prática constante da observação e da avaliação e seu consequente registro permitem que, ao final do processo, o professor possa elaborar uma síntese, contando com dados importantes sobre o aluno durante todo o processo.*
>
> *Nesse sentido, a avaliação tem um caráter instrumental para o adulto e incide sobre os progressos apresentados pelas crianças."*
> *(RCNEI, vol. 3, p. 77)*

Obviamente, todo processo de trabalho bem orientado resulta em crescimento, aquisição de competências e habilidades, ampliação do repertório, do universo cultural etc. Isso se dá também em música. Dessa forma, a avaliação na área deve, prioritariamente, ser remetida aos conteúdos propostos durante o período de trabalho, com o cuidado de comparar o aluno com ele mesmo, ou seja, com seu processo de realização, considerando seu ponto de partida e de chegada.

Esse ponto precisa ser lembrado, pois a área musical favorece muitas vezes o surgimento de posturas equivocadas com relação aos processos de avaliação. Educadores desatentos correm o risco de valorizar demasiadamente alunos considerados "talentosos" ou que tenham experiência musical diversa da maioria, em prejuízo dos outros, contrariando, dessa maneira, os propósitos e objetivos do trabalho.

A avaliação, na área de música, deve considerar a qualidade do envolvimento nas atividades propostas, a postura para o fazer, a disposição para pesquisar, para escutar atentamente, para improvisar, compor, construir instrumentos. A formação de uma atitude adequada ao trabalho, de respeito aos materiais, de respeito ao silêncio, aos combinados prévios, de participação por meio de idéias, sugestões e comentários, entre outros pontos, deve ser observada e avaliada pelo educador ou educadora com o mesmo cuidado e critério que a avaliação de comportamentos especificamente musicais. Se vamos avaliar uma criança em relação à sua capacidade de improvisar, por exemplo, precisaremos considerar a sua atitude diante do instrumento, a sua disposição para explorar possibilidades de produção sonora, o seu desembaraço, a sua capacidade de concentração, de organização, de observação etc.

> *"A conquista de habilidades musicais no uso da voz, do corpo e dos instrumentos deve ser observada, acompanhada e estimulada, tendo-se claro que não devem se constituir em fins em si mesmas e que pouco valem se não estiverem integradas a um contexto em que o valor da música como forma de comunicação e representação do mundo se faça presente."*
>
> **(RCNEI, vol.3, p. 77)**

Também é importante estimular a prática da autoavaliação, e, na faixa etária pré-escolar, essa prática pode ser enriquecida se houver a possibilidade de contar com gravadores para registrar a produção das crianças e fazer análises. Escutando, elas poderão avaliar e perceber detalhes como:

- Gritaram ao cantar?
- Equilibraram o volume dos instrumentos?
- Sonorizaram a história de modo interessante?

Para pesquisar

BROOKS, J. G. *Construtivismo em sala de aula.* Jacqueline G. Brooks e Martin G.Brooks. Trad. Maria Aparecida Kerber. Porto Alegre: Artes Médicas, 1997.

COLL, C. *Os conteúdos na reforma – Ensino e aprendizagem de conceitos, procedimentos e atitudes.* César Coll, Juan Ignacio Pozo, Bernabé Sarabia e Enric Valls. Trad. Beatriz Affonso Neves. Porto Alegre: Artes Médicas, 1998.

FREIRE, M. et alii. Observação, registro e reflexão. *In: Instrumentos metodológicos I.* São Paulo: Espaço Pedagógico, 1996.

— Avaliação e planejamento: a prática educativa em questão. *In: Instrumentos metodológicos II.* São Paulo: Espaço Pedagógico, 1997.

HOFFMANN, J. *Avaliação: mito & desafio – Uma perspectiva construtivista.* Porto Alegre: UFRGS, 1991.

Para uma reflexão final

Fazendo referências a conteúdos, metodologias e estratégias que revelam, de um lado, posturas pedagógicas próprias à concepção tradicionalista do ensino de música na educação infantil e, de outro, posturas consideradas adequadas a uma concepção que entende a música como linguagem e área cujo conhecimento a criança constrói, o quadro comparativo apresentado a seguir tem a intenção de auxiliar a reflexão do educador ou educadora, fornecendo subsídios que possibilitam identificar aproximações e afastamentos entre as duas concepções.

Concepção tradicionalista	Concepção construtivista
Atividades musicais que enfatizam a reprodução.	Atividades musicais que integram reprodução, criação e reflexão.
Fazer e/ou ouvir sem refletir.	Refletir sobre o fazer e também sobre o apreciar.
Exercícios de discriminação auditiva ou reconhecimento de qualidades do som como fins em si mesmos.	Percepção das questões relacionadas ao som e à música inseridas em contextos de realizações musicais.
Canções de comando, utilizadas como forma de criar ou reforçar comportamentos; comemorativas e/ou informativas.	Invenção e interpretação de canções como meio de expressão e exercício musical.
Instrumentos da bandinha como única possibilidade de contato com materiais sonoros. Ênfase na reprodução; de modo geral, as crianças tocam, mas não escutam. O professor ou professora ensina a tocar e sempre determina o que e como se toca.	Contato com brinquedos sonoros, instrumentos regionais, artesanais, industrializados, de outras culturas, pedagógicos etc. Estímulo à pesquisa de timbres, modos de ação e produção dos sons. Construção de instrumentos musicais. Elaboração de arranjos junto com as crianças.
Repertório musical limitado à produção infantil, a despeito de sua qualidade, e aos "sucessos" veiculados pela mídia.	Repertório musical que parte da legítima música da cultura infantil e que procura integrar variados gêneros e estilos musicais, de diversas épocas e culturas.
Submissão da música aos conteúdos considerados "prioritários".	Integração entre áreas visando a favorecer a construção do conhecimento de modo geral, sem deixar de lado as questões específicas da linguagem musical.
Fazer musical que desconsidera o contexto global dos conteúdos desenvolvidos nas outras áreas do conhecimento.	Inserção de projetos musicais em sintonia com o desenvolvimento global dos conteúdos trabalhados.
Integração entre música e movimento restrita à realização de gestos marcados pelo professor. Canções com gestos e danças com coreografia marcada.	Respeito à expressão corporal de bebês e crianças; estímulo à improvisação e à criação de movimentos; consciência corporal.

Glossário

Este glossário visa a contextualizar informações específicas da área musical que surgiram no decorrer do trabalho e que não foram definidas porque seu significado não era imprescindível à compreensão das propostas. Assim, ele tem a função de ampliar o conhecimento sobre aspectos da linguagem musical, e a realização das propostas do livro independe do conhecimento teórico dos termos aqui relacionados.

BEMOL – Sinal que, colocado antes de uma nota, baixa sua altura em meio tom, ou seja, deixa o som meio tom mais grave.

CADÊNCIA – Progressão harmônica ou melódica convencionalmente associada a um final de composição, seção ou frase.

CAMPO SONORO – Resultado da organização global de signos musicais, dentro de um determinado lapso. Trata-se de graduações e tendências, e não de alturas ou ritmos precisos.

CÂNON – A palavra significa "regra" e, musicalmente, é aplicada à imitação, quando uma linha melódica serve de regra para a seguinte, ou para todas as outras, que devem imitá-la. Um bom exemplo é a canção tradicional francesa *Frère Jacques*, quando cantada por vários grupos, iniciando um após o outro.

COMPASSO – Unidade de divisão que coordena pulsação, métrica e ritmo; considerado a menor unidade em que se costuma dividir uma composição, pode ser percebido como um agrupamento de pulsações básicas.

CONCERTO – Forma musical instrumental caracterizada pela presença de um solista em diálogo com a orquestra. Um concerto apresenta, geralmente, três movimentos (ou partes).

EMBOLADA – Processo rítmico-melódico de construir as estrofes pelos repentistas e cantadores nordestinos; peças dançadas ou não.

ESCALA – Uma sucessão de sons em movimento ascendente ou descendente, usada como base da composição. O número de escalas usado em todo o mundo é incalculável

ESCALA DIATÔNICA – Escala constituída pelas sete notas musicais sucessivas: dó, ré, mi, fá, sol, lá, si.

FUGA – Tipo de composição para várias vozes (assim chamadas, sejam vocais ou instrumentais). Na fuga, as vozes entram sucessivamente imitando-se entre si, a partir da primeira, que introduz uma melodia ou frase curta, a que se chama tema.

GLISSANDO – Palavra de origem francesa que significa "escorregar" (do grave para o agudo, ou do agudo para o grave).

HARMONIA –1) Concatenação de acordes (e de suas funções) segundo os princípios da tonalidade. 2) Disposição que regulariza a coerência e as proporções das partes de um todo.

LINHA MELÓDICA – Sucessão de sons de alturas diferentes, caracterizadas pela ausência de relações harmônico-tonais patentes ou latentes.

MELODIA – Sucessão de sons de alturas diferentes, caracterizada por um ritmo bem diversificado, cuja ordem obedece a uma pulsação fixa e perceptível, e por relações harmônico-tonais patentes ou latentes.

MÚSICA ALEATÓRIA – Música que depende de fatores incertos, sujeitos ao acaso.

MÚSICA CONCRETA – Música preparada com base em sons gravados (exemplo: canto de pássaros), tanto naturais quanto produzidos pelo homem (tráfego, máquinas, instrumentos etc.). Criada pelo compositor francês Pierre Schaeffer em 1948.

NOTA –1) Um som com uma determinada altura musical. 2) Um sinal escrito que represente o som.

NOTAÇÃO – Sistema de registro gráfico sonoro. Para H.-J. Koellreutter, existem, atualmente, quatro sistemas de notação:

- notação aproximada: utilizada na música contemporânea, grafa os signos sonoros de modo aproximado, isto é, sem se preocupar com a exata correspondência entre os símbolos e o som pretendido;
- notação gráfica: utilizada na música contemporânea com o intuito de estimular, motivar e sugerir a decodificação dos signos musicais;
- notação precisa: notação que objetiva atingir um grau máximo de precisão; notação tradicional;
- notação-roteiro: utilizada na música contemporânea, somente delineia a sequência dos signos musicais.

PULSAÇÃO – Unidade fundamental de medida, regular ou irregular, perceptível ou não, da velocidade do decurso musical (andamento). Serve como referencial para a organização das relações temporais da partitura.

RITMO – Valores de durações diversas, subjugados ou não a uma ordem métrica.

SIGNO – Sinal que se refere a alguma coisa fora de si mesmo. Na música, distinguem-se três tipos de signos:

- signo simples: tom, ruído, mescla;
- signo complexo: constituído de vários sons simultâneos. Exemplo: acorde;
- signo composto: que consiste em mais de um signo simples ou complexo, formando um todo gestáltico. Exemplo: motivo, célula.

SINFONIA – Apesar de o termo ter tido vários significados no decorrer da história, é utilizado, de modo geral, para designar uma composição orquestral, normalmente com quatro movimentos.

SUSTENIDO – Sinal de alteração que, colocado ao lado de uma nota, eleva a altura do som em meio tom, ou seja, deixa o som meio tom mais agudo.

TEMA – Supersigno individualizado que se destaca no decorrer da composição. Elemento básico, gerador da maioria dos componentes da composição musical tradicional (clássica e romântica).

TEXTURA – Resultado da estruturação polifônica de linhas melódicas, melodias, configurações, *gestalts* e outros signos compostos.

TESSITURA – Série de sons mais conveniente a uma voz, permitindo seu movimento de modo mais fácil e favorável.

Fontes

ANDRADE, M. *Dicionário musical brasileiro.* Belo Horizonte: Itatiaia. Brasília, DF: Ministério da Cultura. São Paulo: Instituto de Estudos Brasileiros da Universidade de São Paulo/Edusp, 1989.

KENNEDY, M. *Dicionário Oxford de música.* Lisboa: Publicações Dom Quixote, 1994.

KOELLREUTTER, H.-J. *Terminologia de uma nova estética da música.* Porto Alegre: Movimento, 1990b.

LEIA TAMBÉM

Um jogo chamado música
Teca Alencar de Brito, Taisa Borges
ISBN: 978-85-7596-599-3 • 200 páginas

Uma abordagem pedagógico-musical livre e criativa multiplica as possibilidades de transformar pessoas, em territórios formais e informais da Educação. Ao propor, neste livro, que se ampliem as ideias sobre a Música, Teca Alencar de Brito mostra que é possível ampliar também ideias de mundo, já que, no mesmo plano, sempre em contínuo movimento e interação, estão o sentir e o fazer musical, o pensar, o criar, o transformar e o aprender. A autora compartilha vivências de sua trajetória de mais de 40 anos como educadora, pesquisadora e professora, e propõe aqui a música como um jogo de "repetir diferente"; um jogo em que a experiência musical é continuamente reinventada, em cada contexto, tempo e lugar, com as ferramentas singulares de cada pessoa ou grupo. O leitor poderá ainda acessar o site do livro, com áudios produzidos pela autora, alunos e alunas, amigos e amigas da Teca Oficina de Música. Livro publicado com o Instituto Arte na Escola. autores convidados Adriana Rodrigues Didier/ Berenice de Almeida e Magda Pucci/ Fátima Carneiro dos Santos / Fernando Barba e Núcleo Barbatuques / Fernando Sardo / Gabriel Levy / Janete El Haouli / Lisbeth Soares / Stênio Biazon

Hans-Joachim Koellreutter
Ideias de mundo, de música, de educação
Teca Alencar de Brito
ISBN: 978-85-7596-377-7 • 152 páginas

Este livro, publicado em coedição com a Edusp – Editora da Universidade de São Paulo, explora o percurso e as ideias de Hans-Joachim Koellreutter (1915-2005), músico, compositor, ensaísta e educador alemão naturalizado brasileiro cujo pensamento transdisciplinar integrou pioneiramente a arte, a ciência e a educação, e cuja trajetória influenciou fortemente a história moderna da música no Brasil. Koellreutter tornou-se figura central na área da educação musical, estimulando a liberdade na criação e expressão, focando o desenvolvimento humano de modo aberto, crítico e reflexivo, influenciando várias gerações de músicos e educadores brasileiros. Criou aqui o Grupo Música Viva, foi um dos fundadores da Orquestra Sinfônica Brasileira e da Escola de Música da Universidade Federal da Bahia, na década de 1950.
Tal como destaca o músico e neurocientista Mauro Muszkat, prefaciador da obra, o livro da educadora musical Teca Alencar de Brito, "além de muito instigante, inclui uma síntese dos conceitos e da terminologia tão particular de Koellreutter, recurso didático extremamente efetivo para o leitor não familiarizado compreender a originalidade do pensamento musical e filosófico do compositor – sistêmico e complexo – em uma época em que não se falava em complexidade, não se conhecia Morin, Maturana, Varela ou Bateson".

Koellreutter educador
Teca Alencar de Brito
ISBN: 978-85-7596-249-7 • 192 páginas

Ao desvendar uma faceta pouco explorada do flautista, compositor, regente, divulgador e teórico da música, o mestre Hans-Joachim Koellreutter, figura central da história da música brasileira que influenciou gerações de artistas, Teca Alencar de Brito nos convida a apurar nossos ouvidos para o universo de múltiplas possibilidades que o educador nos traz com seu pensamento livre, original e transdisciplinar. Ricamente ilustrado com jogos e relatos de experiências, *Koellreutter educador* pode mudar a visão que você tem de si, do outro, da música e do mundo.

De roda em roda
Brincando e cantando o Brasil - Escute online
Teca Alencar de Brito, Taisa Borges
ISBN: 978-85-7596-327-2 • 80 páginas

Neste livro sonoro, a educadora Teca Alencar de Brito e as crianças da Teca Oficina de Música apresentam brincadeiras musicais de pontos diversos do país. São rodas de verso, cantos de trabalho, cantigas de roda e ritmos tradicionais ricamente ilustrados e enriquecidos com curiosidades e informações sobre sua origem. Ao descobrir essa incrível caixinha de música, o leitor pode perceber que as brincadeiras se repetem, se recriam e se renovam e, como uma grande roda, giram pelo país, unindo todos nós, apontando heranças e influências vindas de muitos pontos do planeta. O livro traz ainda um glossário – ilustrado com fotos – dos instrumentos musicais presentes nos arranjos, e outro com os termos musicais utilizados. Crianças, pais, avós, educadores e quem mais chegar: entrem na roda do jogo musical!

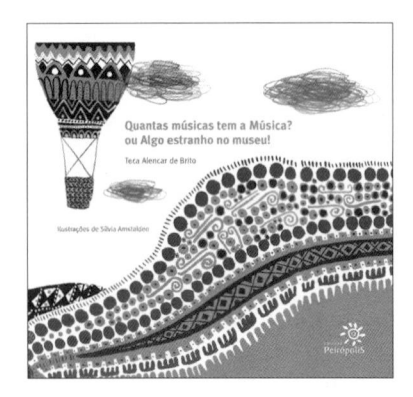

Quantas musicas tem a música?
Ou algo estranho no museu!
Teca Alencar de Brito, Silvia Amstalden
ISBN: 978-85-7596-169 • 80 páginas

Esta obra é formada de um livro e um CD, este último produzido a partir do trabalho realizado com alunos da escola de música da autora, e propõe ao público leitor mergulhos em sonoridades diversas no que concerne a estilos, gêneros, instrumentos e culturas. Daí o nome "Quantas músicas tem a Música". Já o subtítulo "Algo estranho no museu" surgiu do próprio processo criativo do CD junto às crianças, quando Teca utilizou uma brincadeira relacionada à ideia de museu para estimulá-los a criar. O resultado é uma obra que deixa transparente o quanto de pesquisa, escuta, invenção e interpretação estiveram presentes durante toda a sua criação. O leitor é convidado a descobrir as diversas facetas musicais que o corpo, os objetos, instrumentos e até mesmo o silêncio podem produzir e revelar. Seja com o choro, a congada no Brasil, o blues norte-americano, as canções de ninar ou as brincadeiras musicais, o importante mesmo é se deixar levar pela encantadora aventura musical.

Missão

Contribuir para a construção de um mundo mais solidário,
justo e harmônico, publicando literatura
que ofereça novas perspectivas para a compreensão do
ser humano e do seu papel no planeta.

EDITORA
PeirópoliS

A gente publica o que gosta de ler:
livros que transformam!

Rua Girassol, 310F
Vila Madalena – 05433-000
São Paulo – SP – Brasil
tel.: (11) 3816-0699 | cel.: (11) 95681-0256
e-mail: editora@editorapeiropolis.com.br

www.editorapeiropolis.com.br